Das war's

Wenn erwachsene Kinder den Kontakt zu ihren Eltern abbrechen

DOROTHEE DÖRING

paulinus

*„Die Menschen bauen zu viele Mauern
und zu wenig Brücken."*

Sir Isaac Newton, engl. Mathematiker und Physiker (1643–1727)

Das war's

Wenn erwachsene Kinder den Kontakt zu ihren Eltern abbrechen

DOROTHEE DÖRING

Die Deutsche Bibliothek – CIP-Einheitsaufnahme
Die Deutsche Bibliothek verzeichnet diese Publikation
in der Deutschen Nationalbibliografie; detaillierte bibliografische Daten
sind im Internet unter http://dnb.d-nb.de abrufbar.

3. Auflage 2024

Umschlagabbildung: (oben) SpeedKingz/Shutterstock;
(unten) Anetlanda/Shutterstock
Satz & Umschlaggestaltung: Kristin Drechsler, Leipzig
Gesamtherstellung: Paulinus Verlag, Trier
ISBN 978-3-7902-1939-5
www.paulinus-verlag.de

Inhaltsverzeichnis

Vorwort

Wenn sich Kinder von ihren Eltern lossagen, verstößt das gegen eine Art Lebensgesetz. Von Freunden, Geschäfts- oder Ehepartnern kann man sich trennen, aber doch nicht von den Eltern. Dass Vater und Mutter zu „ehren" sind, ist schließlich seit mehreren tausend Jahren christliches Gebot. Trotzdem kommt es in unserer Zeit immer häufiger vor, dass Kinder den Kontakt zu ihren Eltern abbrechen.
Wenn Kinder sich bei ihren Eltern einfach nicht mehr melden, von ihnen nichts mehr wissen wollen, ist das für diese eine schmerzliche Erfahrung.
Schlimmer noch empfinden es Eltern, wenn ihnen ihre Kinder ausdrücklich sagen, dass sie mit ihnen keinen Kontakt mehr wünschen. Für die Eltern ist es ein Schock.
Fast immer empfinden auf diese Weise „verlassene Eltern" den Kontaktabbruch ihres Kindes als etwas, das „aus heiterem Himmel" geschieht. So unvorbereitet die Eltern auf diese Entscheidung ihres Kindes sind, so wenig verstehen sie dessen Gründe. In der Folge leiden sie unter der immer wiederkehrenden Frage nach dem Warum.
Die vielen Beispiele dieses Ratgebers machen deutlich, dass ein Kontaktabbruch das Ende eines Prozesses markiert, der möglicherweise schon früh begonnen hat und dass die Ursachen für diesen Schritt der Kinder von den Eltern oft nichtwahrgenommen wurden.
Mögliche Erklärungen für den Kontaktabbruch des Kindes finden Sie in Kapitel drei des Buches: „Gründe für den Rückzug der Kinder".

Natürlicherweise wünschen sich Eltern nichts sehnlicher als die Beendigung der durch die Kontaktsperre erzwungenen Sprachlosigkeit. Aber eine Wiederaufnahme der Kommunikation ist nicht ohne weiteres möglich. Für einen Neuanfang müssen Voraussetzungen erfüllt werden, insbesondere hinsichtlich der Denk- und Verhaltensweisen der Eltern. Diese Thematik wird in Kapitel sechs des Buches „Voraussetzungen für einen Neuanfang“ behandelt.
Die in diesem Buch verwendeten Fallbeispiele sind authentisch, zur Wahrung des Persönlichkeitsrechts aber anonymisiert.

1. Bestandsaufnahme – Der Kontakt ist abgebrochen

Ein Kontaktabbruch markiert das Ende einer Beziehung. Besonders bitter ist es, wenn die Beziehung zwischen Eltern und Kindern von einem Kontaktabbruch betroffen ist.

Dass erwachsene Kinder den Kontakt zu ihren Eltern abbrechen, ist ein Phänomen, das immer häufiger zu beobachten ist.

Paul, 72:

„Ich habe zwei erwachsene Töchter. Wie es ihnen geht, weiß ich nicht. Sie haben vor acht Jahren den Kontakt zu mir abgebrochen. Eine Aussprache gab es nicht. Auch als ich nach einem schweren Unfall im Krankenhaus lag, und nicht klar war, ob ich überleben würde, kam nichts, keine Botschaft, kein Gruß, kein Anruf. Seitdem habe ich aufgehört, auf Wiederannäherung zu hoffen."

Sonja, 63:

„Meine Tochter hatte sich in ihrem selbst gewählten Umfeld zwar über Jahre von mir etwas entfremdet, für mich war nichts Gravierendes erkennbar oder vorausgegangen, als sie (38) mir direkt per Telefonat, mitgeteilt hat, dass sie keine Beziehung zu mir wünsche und

mir ausschließlich die Großelternrolle gestatte. Sie begründete ihre Entscheidung mit Selbstschutz, weil sie nach einer Begegnung mit mir immer eine Woche lang krank sei. Ich fühlte mich wie vom Blitz getroffen, musste aber ihren Wunsch nach Abgrenzung akzeptieren."

Petra, 59:

„Unser Sohn hat meinem Mann und mir in einem Abschiedsbrief mitgeteilt, dass er uns weder sehen noch sprechen möchte. Mein Mann und ich fühlten uns als Eltern ausradiert und wussten nicht warum. Seit mittlerweile acht Jahren ist der Kontakt zu unserem Sohn abgebrochen, ohne eine Aussprache und ohne die Benennung eines erkennbaren Grundes."

„Verlassene Eltern" werden mit der Realität eines einseitig ausgesprochenen Abbruchs familiärer Beziehungen konfrontiert. Oft haben sie den vorausgehenden schleichenden Prozess der Entfremdung nicht bemerkt.

Beim Kontaktabbruch gibt es zwei Positionen, *die Verlassenen,* die den Rückzug erleiden und *die Abbrecher,* die ihn aktiv herbeiführen. Beide Parteien bewerten den Kontaktabbruch sehr unterschiedlich, nämlich aus ihrer individuellen Perspektive.

Auf die Gründe für den Rückzug der Kinder gehe ich in Kapitel drei ein.

2. Der Kontaktabbruch aus der Sicht verlassener Eltern

Der Kontaktabbruch – aus welchen Gründen er auch immer erfolgt – ist für „verlassene Eltern“ mit einem ähnlichen Verlustschmerz verbunden wie der Todesfall eines Kindes.

Für Kinder, die den Kontakt zu ihren Eltern abbrechen, ist es oft eine seelische Notwendigkeit, Distanz zu schaffen, um unbeeinflusst ihre eigene Identität zu finden. Kontakt abbrechende Kinder verunsichern ihre „verlassenen Eltern“, die ihrerseits versuchen, das Verhalten ihres Kindes zu verstehen. Durch das Schweigen bekommen sie aber keine Hinweise oder konkrete Antworten. Sie wissen nicht wirklich, woran sie sind, denken aber immer wieder ergebnislos nach und landen nicht selten in einer „Grübelspirale“, die schlimmstenfalls auch zu einer Depression oder zu einer psychosomatischen Erkrankung führen kann (s. Kapitel 5.6.: „Was kränkt, macht krank“).

Vielleicht wurde früher nie darüber geredet, aber die wachsende Zahl der Selbsthilfegruppen für „verlassene Eltern“ macht deutlich, dass es ein Phänomen unserer Zeit zu sein scheint, dass Kinder den Kontakt zu ihren Eltern abbrechen und sich oft über Jahre nicht mehr bei ihnen melden.

Eltern, denen das passiert, verstehen in der Regel die Welt nicht mehr und empfinden den Rückzug ihrer Kinder als

schmerzhafte Zurückweisung, Schock oder Trauma. Sie haben viele Fragen, bekommen aber keine Antworten.
Eltern empfinden sich durch die „Kündigung“ ihrer Kinder ungerecht behandelt. Sie haben ihr Kind unter vielen Entbehrungen und großem Einsatz großgezogen und ihm einen optimalen Start ins Leben verschafft.
Ihre Kinder sollten es einmal besser haben. Nun, da sie volljährig sind, erhalten ihre Eltern statt Wertschätzung und Dankbarkeit die Kündigung. Sie empfinden den Kontaktabbruch ihrer Kinder als ungerecht und unfair. Ihre erwachsenen Kinder tun nun, was *sie* wollen. Eltern müssen nun mit ansehen und damit fertig werden, dass ihr Bemühen und ihr unermüdlicher Einsatz von ihrem Kind nicht wertgeschätzt wird.
Alle ihre guten Wünsche für die Zukunft ihrer Kinder werden mit der absoluten Funkstille jäh zerstört und es gibt nichts mehr, worauf sie stolz sein können. Im Gegenteil verlieren Eltern, was ihr Lebensinhalt war und was ihr Leben ausgemacht hat. Sie stehen da mit leeren Zimmern, leeren Köpfen, Gedanken, Gefühlen und Emotionen. Tiefe Traurigkeit macht sich breit, die sie lähmt. Ihnen bleiben nur noch Erinnerungen und die Fragen: *„Wieso, weshalb, warum?“*
„Verlassene Eltern“ befinden sich nach dem Kontaktabbruch ihrer Kinder in einer akuten Trauerphase und kämpfen mit Scham- und Schuldgefühlen, körperlichen und seelischen Beschwerden.
Angelika Kindt hat es erlebt und beschlossen, ihr Trauma in Form ihres Selbsterfahrungsbuches *„Wenn Kinder den Kontakt abbrechen“*[1] öffentlich zu machen, darüber zu

reden, sich von Schuld und Scham zu befreien und dieses Thema aus der Tabuzone herauszuholen.

Die meisten Menschen, die von einem Kontaktabbruch zwischen Eltern und Kindern hören, es selbst aber nicht erlebt haben, unterstellen, dass es dazu eine Vorgeschichte gegeben haben müsse. Ihrer Meinung nach müsse es im Beziehungsgebälk ordentlich gekracht haben, wodurch bereits vorhandene Risse sich vergrößert haben und am Ende alles zusammengebrochen sei.

Für Angelika Kindt und die vielen Eltern, die mir in Seminaren, Beratungen und Selbsthilfegruppen begegnen, hat sich der Bruch zuvor aber nicht – wie oft unterstellt wird – angekündigt. Die meisten von ihnen traf der Kontaktabbruch ihrer Kinder völlig unvorbereitet. Sie fühlten sich wie vom Blitz aus heiterem Himmel getroffen und in eine neue Realität katapultiert.

Angelika Kindt schildert in ihrem Selbsterfahrungsbuch, was alle „verlassenen Eltern" erleben. Sie durchlaufen alle emotionellen Stadien, die auf eine Trennung folgen, bei der sich der andere jeder Auseinandersetzung und jedem Gespräch verweigert. Zuerst ist man hilflos, wie gelähmt, später voller Zorn, gegen sich selbst und am Ende voller Wut gegenüber anderen Eltern, bei denen alles problemlos verläuft. Erst nach dieser Phase – so schreibt Angelika Kindt – habe sie sich getraut, auch auf ihre Tochter wütend zu sein, empört und verletzt.

In einem Interview erklärt sie, dass ihre Auseinandersetzung mit dem Phänomen „Kontaktabbruch" in erster Linie der Versuch gewesen sei, dieses Thema von seinem gesellschaftlichen Tabu zu befreien und betroffene Eltern von einer gesellschaftlichen Pauschalverurteilung zu befreien, wenn im Verhältnis zu ihren Kindern etwas schiefläuft. Eltern, die von ihren Kindern verlassen werden, seien grundsätzlich keine Rabeneltern.

Kontaktabbruch ist ein Thema, über das man nicht spricht. Deshalb kann die tatsächliche Anzahl betroffener Eltern, die mit einer solchen familiären Entfremdung leben müssen, nur geschätzt werden.

Warum das Thema „totgeschwiegen“ wird, hat aber auch damit zu tun, dass die erste Reaktion von Menschen, die nicht betroffen sind, oft recht unsensibel ist: *„Na ja, man weiß ja nicht, was in der Familie los war. Irgendetwas werden die Eltern schon falsch gemacht haben.“*

Wer wirklich die Schuld an dem Bruch trägt, weiß Angelika Kindt – wie die meisten „verlassenen Eltern“ – nicht, denn die Frage nach dem Warum bleibt ja unbeantwortet. Statt unter der ständigen emotionalen Zwickmühle aus Schuld und Scham zu leiden oder krank zu werden, kann es für „verlassene Eltern“ nur darum gehen, zu lernen, die Entscheidung ihres Kindes zu akzeptieren.

Ursula, 61:

> *„Mein Mann und ich sind seit 7 Monaten „verlassene Eltern“. Unsere Tochter hat nach einem Telefongespräch jeglichen Kontakt zu uns abgebrochen. Wir haben uns immer bemüht, gute Eltern zu sein und sie auch ihren Weg gehen zu lassen und grübeln fast täglich darüber, was bei unserer Tochter der Auslöser für ihren Kontaktabbruch zu uns war. Was nur haben wir falsch gemacht? Auf diese Frage bekommen wir aber keine Antwort.*

Ich denke oft, dass unsere Tochter sich in ihrem Bemühen, Haushalt, Kinder und Job perfekt hinzubekommen, überfordert haben könnte. Immer wenn sie psychischen Stress hatte, war ich ihr Ventil, musste mir da schon viele Hässlichkeiten anhören, doch habe ihr immer wieder verziehen und ihr nie Vorwürfe gemacht. Mein Mann und ich haben ihr gegeben, was uns möglich war, wir waren eine ganz normale Familie, in der es Höhen und Tiefen gab, in der aber jeder für den anderen da war. Am schlimmsten finden mein Mann und ich, dass wir mit niemandem wirklich darüber reden können. Unsere Scham, versagt zu haben und verurteilt zu werden, hindert uns daran."

Ursula und ihr Mann stellen sich die Frage, die sich alle Eltern stellen, *„was habe ich falsch gemacht?"* Sie erhalten darauf aber keine Antwort darauf und bewegen sich infolgedessen im Bereich eigener Interpretationen und Mutmaßungen, um sich selbst etwas erklären zu können, was eigentlich unvorstellbar ist. Eltern, deren Kinder den Kontakt abbrechen, bleiben mit ihrem Problem allein, denn mit wem können sie schon teilen, was ihnen widerfuhr? Außerdem sind ihre Schuld- und Schamgefühle zu groß, um darüber reden zu können. Das treibt sie zusätzlich in die Isolierung. Nach außen wird der Schein einer „anständigen Familie" aufrechterhalten. Diese Lebenslüge setzt sie weiter unter Druck.

Meist ist der Kontaktabbruch das Ende eines längeren Entfremdungsprozesses. (s. u. 4.: „Phasen des Kontaktabbruchs"), der aber von den Eltern nicht wahrgenommen oder falsch interpretiert wurde.

Siegfried, 55:

„Das letzte Mal, dass ich meine Tochter gesehen habe, war vor zwei Jahren. Seitdem ist der Kontakt abgebrochen. Jeder Versuch, mit ihr zu sprechen, ist ins Leere gelaufen. Dabei war bei uns doch alles in Ordnung, unser Verhältnis habe ich sogar als innig und vertrauensvoll empfunden. Sie hat alles von uns bekommen, eine Ausbildung, eine eigene Wohnung. Doch als Sarah ihren Mann kennenlernte, trat innerhalb weniger Wochen Funkstille ein – bis heute. Das Schweigen und den Kontaktabbruch empfinden meine Frau und ich als offene Wunde."

In einer Selbsthilfegruppe für „verlassene Eltern" fanden Siegfried und seine Frau andere Betroffene, mit denen sie über ihr Leid sprechen konnten.

In Selbsthilfegruppen kann beobachtet werden, dass die „verlassenen Eltern" vor allem vereint sind in ihrer Ratlosigkeit, denn niemand von ihnen kennt den Grund des Kontaktabbruchs. Sie werden zwar durch das Handeln ihrer Kinder „schuldig gesprochen", fühlen sich aber nicht schuldig, sondern eher als Opfer. Alle Eltern äußern, nur das Beste für ihre Kinder gewollt und ihnen alles ermöglicht zu haben.

Auch im Internet tauschen sich „verlassene Eltern" miteinander aus. Einige berichten, dass ihre erwachsenen Kinder sogar gerichtlich eine Kontaktsperre erwirkt hätten. Fast alle Eltern beschreiben sich als ehemalige Vorzeigefamilie, fast alle stellen die gleiche Frage: *„Warum tun sie uns das an? Wir haben doch nur das Beste gewollt."* Der Wunsch, Antworten von den Kindern zu bekommen, ist groß. Manche Eltern räumen auch ein, Fehler gemacht zu haben, ihnen ist nur nicht genau klar, welche und darüber rätseln sie gemeinsam in Foren und Selbsthilfegruppen. Im nächsten Kapitel geht es um die Gründe für den Rückzug der Kinder. Dieses Kapitel soll Eltern dazu verhelfen zu verstehen, warum ihre Kinder den Abstand zu ihnen brauchen.

3. Gründe für den Rückzug der Kinder

Es gibt kaum ein stärkeres Band als das zwischen Eltern und Kindern, als die Eltern-Kind-Beziehung – so der Mythos. Wie erklärt es sich dann, dass erwachsene Kinder den Kontakt zu ihren Eltern radikal kappen und nichts mehr von ihnen wissen wollen? Wie sieht der Rückzug durch einen Kontaktabbruch aus der Sicht der Kinder aus?
Kinder verlassen in der Regel niemals leichtsinnig ihre Eltern. Wenn Kinder den Kontakt zu ihren Eltern abbrechen, hat das meist ernste Gründe.
Ein allgemeiner, offenkundiger Grund, sich von Eltern zu trennen, ist der, dass man sich einfach nicht (mehr) versteht, weil es immer wieder zu Missverständnissen kommt.

3.1 Missverständnisse

Über das Risiko, einander miss zu verstehen, denken wir normalerweise erst dann nach, wenn dadurch Konflikte entstanden sind. Dann tauchen Fragen auf, wie
„aber ich habe es doch deutlich genug gesagt oder?"
„Wie kannst du das nur missverstehen?"
„Warum bekommst du immer alles in den falschen Hals?"

Ein Missverständnis ist die Folge einer verunglückten Kommunikation, die auch deshalb misslungen ist, weil jeder Mensch einen anderen Wahrnehmungsfilter hat, der darüber entscheidet, wie das Gesagte interpretiert wird.

Kommunikation ist eine zwischenmenschliche Begegnung, die sich auf verschiedenen Ebenen abspielt. Dabei kommt es nicht nur auf die Wahl der richtigen Worte an, sondern auch darauf, *wie* man sie sagt sowie auf die nonverbale Sprache, *Körpersprache* genannt. Oft stimmt der Inhalt einer Aussage nicht mit dem nonverbalen Ausdruck überein. Wenn das Gesagte mit Körpersprache (Mimik, Gestik, Tonfall) nicht zusammenpasst, entstehen Missverständnisse. Um sie zu vermeiden, kommt es darauf an, die gleiche Sprache zu sprechen, nonverbale Botschaften richtig wahrzunehmen und beides so, wie es gemeint war, zu decodieren und richtig darauf zu reagieren. Entscheidend ist darüber hinaus, dass die Botschaft, die wir senden, auch so beim Empfänger ankommt und dazu ist es erforderlich, die Sprache entschlüsseln zu können. Die Wahl der richtigen Worte im richtigen Moment ist eine Kunst, die gelernt sein will.

Durch meine Beratungen und Seminare wurde mir klar, dass viele zwischenmenschliche Probleme auf *Kränkungen* zurückzuführen sind, die letzten Endes auf Missverständnissen beruhen, leider aber oft in Beziehungsstörungen und Beziehungsabbrüchen enden können. Das ist destruktiv, denn dabei wird Betroffenen die Chance genommen, Missverständnisse zu erkennen, sie auszuräumen und das Problem gemeinsam zu klären.

Besonders häufig kommt es zu Missverständnissen zwischen Müttern und Töchtern, die zwar oft miteinander reden, oft aber aneinander vorbei. Was die Mutter als Rat äußert, kommt bei ihrer Tochter als Bevormundung an, und was für die Tochter Freiheit bedeutet, ist für die Mutter Rebellion, was auch immer Mütter aus Sorge deklarieren, interpretieren deren Töchter als Kontrolle oder Kritik.

Jule, 25:

> *„Meine Mutter fragt mich oft, was ich am Abend zuvor gemacht habe. Das nervt mich, denn seit meiner Teeniezeit habe ich ihre permanente Kontrolle verinnerlicht und reagiere darauf allergisch. Um mich der Kontrolle meiner Mutter zu entziehen, bin ich bewusst schon mal monatelang auf Tauchstation gegangen."*

Erwachsene Töchter reagieren oft noch auf die Mutter ihrer Kindheit und auf ein vertrautes Muster: Mütter kontrollieren, Töchter rebellieren. Oft ist es aber nicht der Kommentar der Mutter, sondern meist die „Botschaft" dahinter, die zu Gefühlsverletzungen führen kann. (s. u. 3.4.1: Identitäts- und Rollenkonflikte)

Missverständnisse prägen aber häufig auch die Beziehung zwischen Vätern und ihren Söhnen: Ob Preußenkönig Friedrich der Große, Franz Kafka oder Popstar Michael Jackson – alle standen sie unter dem Eindruck eines dominanten Vaters und fühlten sich in ihrer Andersartigkeit unverstanden und missverstanden.

Viele Väter üben Druck auf ihre Söhne aus, vor allem dann, wenn diese die Interessen der Väter gar nicht teilen und nur gezwungenermaßen „mitmachen", entweder, aus Leistungsdruck des Elternhauses oder weil sie so hoffen, positivere Aufmerksamkeit des Vaters zu erlangen.
Das Missverständnis auf der Seite des Vaters besteht dann darin, das Engagement des Sohnes für tatsächliches Interesse zu halten und zu versuchen, es noch intensiver zu fördern. Schnell baut sich über ein solches Missverständnis eine Mauer auf. Der Sohn wehrt sich mit einer subtilen Verweigerungshaltung, die zu einer Kluft und einer spürbaren Distanz zwischen beiden führt.
Nicht selten führen derartige Missverständnisse zu Auseinandersetzungen, die häufig zu nachhaltigen Enttäuschungen und Verletzungen führen. Söhne resignieren irgendwann und brechen den Kontakt ab.

3.2 Ungerechtigkeiten der Eltern

Sich von den eigenen Eltern benachteiligt oder ungerecht behandelt zu fühlen, ist ein häufiger Grund für den Rückzug der Kinder. Sie leiden unter der Ungerechtigkeit der Eltern so sehr, dass sie sich aus Selbstschutz zurückziehen, um den Schmerz nicht immer wieder neu empfinden zu müssen.
Als ungerecht empfinden es Kinder, wenn ihre Eltern nur ihre Defizite und Schwächen wahrnehmen und ihre Stärken übersehen, wenn sie nie gelobt, sondern nur kritisiert werden. Ungerecht ist es, wenn Eltern das Bemühen ihres

Kindes nicht anerkennen, ihm also nicht geben, was es zu seiner Entwicklung braucht.
(s. u. 3.3.1: „Erwartungen der Eltern bezüglich der Persönlichkeit des Kindes")
Besonders augenfällig wird die Ungerechtigkeit der Eltern empfunden, wenn sie mehrere Kinder haben und diese ungleich behandeln, d. h. ein Kind bevorzugen, ein anderes benachteiligen oder sogar ablehnen, schlimmstenfalls sogar ausgrenzen.
Dabei ist es unwichtig, ob es sich objektiv um eine Ungerechtigkeit handelt oder ob ein Kind sich als ungerecht behandelt fühlt. Es geht um die *„Rangordnung der Liebe"*.
Eltern bemühen sich sicherlich um Gerechtigkeit, aber auch sie können nicht völlig ausschließen, dass sie sich zu einem ihrer Kinder möglicherweise etwas mehr hingezogen fühlen. Für die anderen Kinder kann diese Ungerechtigkeit durch Ungleichbehandlung bzw. Zurücksetzung so unerträglich sein, dass sich Geschwisterrivalität und Geschwisterneid entwickeln.
Die Benachteiligung eines Kindes durch seine Eltern hinterlässt bei Betroffenen einen unsichtbaren Schmerz und eine schmerzhafte Lebenswunde, denn alle Kinder sind emotional von ihren Eltern abhängig. Wird diese Seelenwunde durch immerwährende Zurücksetzung neu kontaminiert, brauchen solche Kinder eine *Sendepause,* damit sich die Wunde beruhigen und schließen kann und – um aus der Distanz heraus zu lernen – unabhängig zu werden und sich selbst zu lieben. Erst dann, wenn Kinder nicht mehr von ihren Eltern existenziell abhängig sind, trennen sich viele Kinder deshalb von ihren Eltern, um nicht ständig zu leiden. Sogar bis ins reifere Erwachsenenalter

kann der Schmerz wegen Ungleichbehandlung eine Rolle spielen.

Jan, 38:

> *„Ich hatte es in meiner Familie als Sandwichkind nicht leicht. Meine Mutter bevorzugte meine älteste Schwester, mein Vater verhätschelte meinen jüngeren Bruder, der mit seiner offenen, gewinnenden Art alle um den Finger wickelte. Für mich gab es keine Position und außerdem war ich auch nicht der geborene Sympathieträger. Trotzdem bemühte ich mich durch besondere Leistungen, die Aufmerksamkeit und Liebe meiner Eltern zu erringen. Ich konnte machen, was ich wollte, es gelang mir nicht, meine familiäre Position zu verbessern und die Aufmerksamkeit, Zuwendung und Liebe von meinen Eltern zu bekommen wie meine Geschwister. Am Ende suchte ich die Schuld für meine Ungleichbehandlung bei mir. Intuitiv brach ich den Kontakt zu meiner Familie nach meinem Abitur konsequent ab, um diesem Dauerschmerz nicht mehr ausgesetzt zu sein."*

In den meisten Familien findet sich neben dem bevorzugten Lieblingskind auch ein Sündenbock: Das „schwarze Schaf".

Jedem dürfte das Thema „schwarzes Schaf" bekannt sein. Ein Familienmitglied wird – meist wegen seines Andersseins ausgegrenzt. Der Psychologe Dr. Peter Teuschel beschreibt in seinem Buch *„Das schwarze Schaf – Benachteiligung und Ausgrenzung in der Familie"*[2] die Folgen von Benachteiligung und Ausgrenzung in der Familie.

Teuschel zeigt die vielen Facetten ungerechter Behandlung und systematischer Benachteiligung in der Familie bis hin zu häuslicher Schikane und Ausgrenzung. Er gibt Einblick in die Familiendynamik, die hinter solchem Verhalten stehen kann. Für „schwarze Schafe" ist es ein erster Schritt der Befreiung, um diese Zusammenhänge zu wissen. Dann können sich Wege finden, dieses Schicksal hinter sich zu lassen.
Bei dem Kind, das mit der Rolle des „schwarzen Schafes" belastet ist, handelt es sich um das schwächste Glied. Es tut alles, um anerkannt und angenommen zu werden und dennoch erfährt es bereits in der Kindheit, dass es das niemals schaffen wird.

Ariane, 28:

„Ich hatte die schlechteste Position in meiner Familie und fühlte mich als Sündenbock, für alles, das in unserer Familie nicht gut lief, verantwortlich zu sein. Ich versuchte, meine Position durch gute schulische Leistungen zu kompensieren, merkte dann aber schnell, dass ich nie gut genug sein würde und ich statt eines ersehnten Lobes oder einer liebevollen Anerkennung nur bösartige Kommentare erntete. Günstigstenfalls waren meine guten Leistungen nur Zufall und Glück. Nicht einmal für das beste Zeugnis, das ich nach Hause brachte, erntete ich Anerkennung. Beim Vergleich der Zeugnisse mit denen meiner Geschwister kommentierte das meine Mutter folgendermaßen: ‚Das ist doch nichts, dann bist du halt begabter.' Als ich meine Ausbildung abgeschlossen hatte und meinen Lebensunterhalt selbst bestreiten konnte, entzog ich mich meiner

> *Familie, um deutlich zu machen, dass ich als „schwarzes Schaf“ oder Prellbock nicht mehr zur Verfügung stehe.“*

Diese Situation, grundlos als „schwarzes Schaf“ behandelt zu werden, ist belastend für ein Kind, und es wird schnell begreifen, dass es niemals gewinnen kann. Das hinterlässt eine große Frustration, die schlimmstenfalls in Resignation oder Depression endet.

Ein Kind mit solcher Erfahrung hat auch im Erwachsenenalter mit den Folgen der Zuschreibung der Rolle des „schwarzen Schafes“ zu kämpfen. Scham, Schuld, Wut und Ablehnung der gesamten Familie lastet auf den Schultern und ist meist die Ursache für psychische Probleme in späteren Jahren. Selbstzweifel, Unsicherheiten und das Gefühl, nichts wert zu sein, kann die Lebensqualität immens reduzieren. Das „schwarze Schaf“, dem das ganze Leben lang eine Unzulänglichkeit gepredigt wurde, ist in der Regel davon überzeugt, dass an ihm etwas falsch sein muss. Diese Überzeugung führt dazu, dass so geprägte Menschen in ihrem Leben verzweifelt versuchen, es allen recht zu machen.

Es tut nicht nur weh, als ungeliebtes Kind das „schwarze Schaf“ zu sein und ausgegrenzt zu werden, es überschattet meist auch das weitere Leben Betroffener, wirkt sich auf ihr Selbstwertgefühl und ihre Beziehungen aus.

Oft brechen Kinder mit dem Stigma „schwarzes Schaf“ den Kontakt zu ihren Eltern ab, um ohne Makel und in einem Umfeld, das sie wertschätzt, ein neues Leben zu beginnen.

Marco, 37:

„Ich war sensibler als meine Eltern und Geschwister. Deshalb traf es mich besonders hart, ausgeschimpft und bestraft zu werden für Dinge, die ich gar nicht zu verantworten hatte. Ich war nicht in der Lage, mich gegen alle zu wehren und zog mich innerlich zurück. Trotzdem schaffte es meine Familie, mir Schuldgefühle einzuimpfen. Irgendwann fühlte ich mich immer schuldig, für alles verantwortlich. Meine Eltern ließen mich mit meinem Kummer und mit meinen Selbstzweifeln allein. Als ich meine Lehre abgeschlossen hatte, suchte ich mir eine Wohnung und brach den Kontakt zu meiner Familie, in der ich nur der Blitzableiter war, ab, um endlich meine Ruhe zu haben. Trotzdem nagte an mir der unsichtbare Schmerz der Ungleichbehandlung."

Wie Marcos Beispiel zeigt, sind Eltern häufig ungerecht.

Oft zeigt sich die ungleiche Behandlung darin, dass eines der Kinder weniger ernst genommen, ständig abgewertet und regelrecht abgeschoben wird. Diese Erfahrung zieht sich wie ein roter Faden durch Kindheit und Jugend Betroffener.

Nüchtern betrachtet, ist es „normal", dass Eltern ihre Kinder nicht auf die gleiche Art und Weise lieben (können). Eine diesbezügliche Forderung verlangt von ihnen etwas, was sie nicht leisten können. Aber diese Kenntnis nützt einem benachteiligten Kind nicht, es leidet. Elterliche Zurückweisungen, zumal wenn sie sich über längere Zeit-

räume fortsetzten, können sich auf Kinder und ihr späteres Erwachsenenleben verheerend auswirken.
In zahlreichen Seminaren begegnete ich Menschen, die unter den Folgen ihrer Ablehnung noch im Erwachsenenalter litten. Viele von ihnen haben sich bis zur Selbstaufgabe nur um andere gesorgt und sich selbst dabei sträflich vernachlässigt. Selbstzweifel, Abwertung der eigenen Person, Minderwertigkeitskomplexe, diffuse Schuldgefühle und eine tief verwurzelte Gewissheit von *„Ich bin irgendwie nicht gut genug"*, zeigen einen tiefen Mangel an Herzenswärme für sich selbst.

Effektiv „fressen" solche Kinder aber lange ihren Schmerz, benachteiligt zu sein, in sich hinein. Irgendwann jedoch wird es ihnen zu viel und sie brechen den Kontakt zu ihren „ungerechten Eltern" ab. In der Regel tun sie das aus *Selbstschutz,* weil sie resigniert haben und bei dem Versuch einer Aussprache die Erfahrung gemacht haben, dass die Eltern den Vorwurf der Ungerechtigkeit weit von sich gewiesen haben. Sie halten es nicht mehr aus und wollen der Aktivierung ihres seelischen Dauerschmerzes entgehen.

3.3 Erwartungen der Eltern

Kindern werden oft schon vor deren Geburt bestimmte Rollen zugeschrieben. Dahinter stehen oft überhöhte Erwartungen an die Kinder. Diese richten sich im Wesentlichen auf

1. die Persönlichkeit des Kindes, also auf sein Wesen, seinen Charakter, sein Erscheinungsbild, sein Geschlecht,
2. seine Berufswahl, sein soziales Ansehen, seine Lebensführung,
3. seine Partnerwahl.

Gemeinsam ist den überhöhten Erwartungen der Eltern: Ignoranz gegenüber dem Wesen des Kindes mit seinen Fähigkeiten, Bedürfnissen und Wünschen.

3.3.1 Erwartungen der Eltern bezüglich der Persönlichkeit des Kindes

Oft sind Eltern sehr fordernd, haben klare Vorstellungen, wie ihre Kinder sein sollten. Damit nehmen sie ihren Kindern aber den Raum, sich frei entfalten zu können, so sein zu dürfen, wie sie sind, eigene Vorstellungen, Ziele und Wünsche zu haben.

Mit der Forderung der Eltern, wie ihre Kinder sein sollten, engen sie ihre Kinder ein und beschneiden ihre Entwicklung. Viele Eltern erkennen nicht, dass ihre Kinder ein Recht auf ein eigenes, selbstbestimmtes Leben haben und dass selbst gut gemeinte Ratschläge und Hilfsangebote übergriffig sein können, wenn sie dem widersprechen, was ihre Kinder wollen.

Besonders traurig ist es für Kinder, die die Enttäuschung ihrer Eltern spüren, nicht das gewünschte Geschlecht zu haben. Früher war es auch bei uns wichtig, einen „Stammhalter“ zu haben, der den Namen weiterträgt und einen Hof oder ein Familienunternehmen weiterführt. Heute hat das evtl. nur noch in ländlichen Regionen Bedeutung. Durch die Emanzipationsbewegung und Veränderung des Namensrechtes hat diese Frage an Bedeutung verloren.

Gelegentlich kommt es aber immer noch vor, dass Eltern, die sich eigentlich einen „Stammhalter“ gewünscht haben, enttäuscht sind, wenn das Kind „leider“ nur ein Mädchen geworden ist.

Luisa, 47:

> *„Ich bin eine Riesenenttäuschung für meine Eltern, denn ich sollte eigentlich ein Junge und damit ein Stammhalter sein. Meine Eltern hatten schon 3 Mädchen, die jüngste war 7 Jahre alt. Die große Enttäuschung kam bei der Geburt: Noch einmal ‚nur‘ ein Mädchen. Mein Vater soll sich geweigert haben, mich anzuschauen. Ich habe die Enttäuschung meiner Eltern irgendwie gespürt und mich besonders burschikos und jungenhaft benommen, um die Enttäuschung meiner Eltern zu kompensieren.“*

Luisa fühlt sich wegen ihres Geschlechtes unerwünscht, denn ihre Eltern wünschten sich nach 3 Töchtern einen Sohn, der den Hof weiterführen sollte.

Kinder, die im Kontaktabbruch zu ihren Eltern eine Entlastung ihrer Situation sehen, haben oft nicht den Mut oder die Kraft, sich zu erklären und sich auseinanderzusetzen. Sie wenden unbewusst oft die Strategie an, die sie in ihrer

Familie gelernt haben: Sie schweigen (s. u. 4.2: „Schweigen“). Das ist ein bekanntes Reaktionsmuster, das oft transgenerational von Generation zu Generation unreflektiert weitergegeben wird.

Fanny, 31:

„Ich habe mich durch die ständigen Erwartungen meiner Mutter, die ich nicht erfüllen konnte und wollte, so unter Druck gefühlt, dass ich im Kontaktabbruch die einzige Möglichkeit sah, ihr zu entkommen und so leben zu können, wie ich es mir vorstelle. Ich habe mich durch meine Mutter regelrecht bedroht gefühlt und habe im Schweigen und im Kontaktabbruch ein Mittel entdeckt, Raum für mich zu finden und durch die Zäsur der Funkstille eine gleichberechtigte Beziehung herzustellen, um mich nicht mehr minderwertig und klein fühlen zu müssen und die Hierarchie aufzubrechen. Nie war etwas gut und nie konnte ich das Gefühl haben, liebevoll angenommen zu werden, wie ich bin. Immer sollte ich irgendwelche Erwartungen erfüllen, was mich völlig überfordert hat. Ich hoffe, dass ein für mich notwendiger, vorübergehende Kontaktabbruch etwas verändern wird. Für mich ist die Zeit des Rückzugs wichtig, um den Weg zu einer ehrlichen und gleichberechtigten Beziehung zu finden, in der meine Mutter es künftig unterlässt, an mir herumzunörgeln und mich so akzeptiert, wie ich bin und nicht erwartet, dass ich so bin, wie sie es von mir erwartet. Ich will keine Einmischung mehr, sondern selbst entscheiden dürfen, was ich richtig finde, auch wenn es falsch sein sollte. Es sind dann meine Fehler, die ich dann machen werde,

aber auch darauf habe ich ein Recht. Ich wünsche mir, dass der Kontaktabbruch als heilsame Beziehungspause verstanden wird und dass danach wieder ein behutsamer Kontakt möglich ist."

Interessant ist in diesem Beispiel auch, dass Fanny nicht einen dauerhaften Abbruch möchte, sondern die Hoffnung hat, dass eine *vorübergehende Auszeit* ausreicht, um die Mutter zur Besinnung zu bringen.
Ein Kontaktabbruch muss nicht notwendigerweise ein endgültiger Schlussstrich sein. Die Funkstille kann auch das *Drücken einer Pausentaste* bedeuten. Der Abbrecher zieht sich in einen Schutzraum zurück, um nachzudenken, um zu sich zu kommen, um dann wiederaufzutauchen und unter veränderten Vorzeichen neu zu beginnen. Manchmal muss man vielleicht abtauchen, um zu erkennen, was man wirklich will und braucht.

3.3.2 Erwartungen der Eltern bezüglich der Berufswahl des Kindes

Oft wird erwartet, dass das Kind studiert, um möglichst Jurist oder Arzt zu werden. Bekannt sind auch die Erwartungen, dass das Kind in den elterlichen Betrieb hineinwächst, um ihn später zu übernehmen und fortzuführen.
Problematische Entwicklungen entstehen vor allem dann, wenn Kinder sich den elterlichen Erwartungen widersetzen, weil sie andere Interessen haben, weil sie vielleicht auch nicht über die notwendigen Fähigkeiten verfügen oder weil sie sich innerlich verbiegen, ja, opfern müssten,

um diese ihnen zugeschriebene Erwartung erfüllen zu können.

Christoph, 31:

„Weil alle in meiner Familie Akademiker sind, spürte ich die unausgesprochenen Erwartungen meiner Familie, diese Tradition fortsetzen zu müssen. In meiner Kindheit wurde mir auch oft erzählt, dass ich so begabt (künstlerisch) und intelligent sei. Für alle war klar, dass ich studieren würde und es in meinem Leben sehr weit bringen würde. Das führte bei mir zum Perfektionismus und zu dem Gefühl, egal was ich mache, es wird nie reichen.

Um so sein zu können, wie ich es in mir fühlte, musste ich mich von meiner Familie trennen. Ohne diese erzwungene, notwendige Distanz hätte ich es nie geschafft, mein eigenes Leben zu führen und – Physiotherapeut zu werden, weil die Erwartung meiner Eltern darin bestand, dass ich eigentlich Arzt hätte werden müssen."

Christoph stand wegen der hohen Erwartungen seiner Eltern unter enormem Druck. Seine eigenen Bedürfnisse und Wünsche wurden ignoriert. Erst eine Trennung von seiner Familie erlaubte es ihm, zu einem selbstbestimmten Leben zu finden.

Marc, 31:

„Meine Eltern haben mich nie so akzeptiert, wie ich bin. Ständig haben sie versucht, mich zu beeinflussen, zu manipulieren und mir ihren Lebensstil und ihre Mei-

nung aufzudrücken. Meine Berufswahl, Landschaftsgärtner zu werden, fanden sie völlig daneben, meine Partnerin war natürlich auch nicht richtig und meine Freunde haben sie mit verachtenden Kommentaren bedacht. Um endlich so sein zu können, wie ich bin, habe ich mich von meinen Eltern getrennt und mich denen zugewandt, die mich gerade deshalb schätzen, weil ich so bin, wie ich bin.“

Wie das vorausgegangene Beispiel zeigt, bedeutet Elternliebe nicht, Kinder zu umarmen und ihnen ständig zu sagen, wie lieb man sie hat oder ständig Geschenke zu machen, sondern sie so zu akzeptieren, wie sie sich entwickeln und wie sie sein wollen. Je älter die Kinder werden, umso ernster wollen sie genommen werden. Sie entwickeln womöglich eine andere Auffassung vom Leben und ihrer beruflichen Zukunft als die Eltern. Vielen Müttern und Vätern fällt es schwer, ihre Kinder in ihrer Andersartigkeit zu akzeptieren, was für diese dann ein häufiger Grund für die Befreiung von ihren Eltern durch einen Kontaktabbruch ist.

3.3.3 Erwartungen der Eltern bezüglich der Partnerwahl des Kindes

Alle Eltern wünschen sich, dass ihre Kinder glücklich werden und fast alle haben Erwartungen hinsichtlich der Partnerwahl ihrer Kinder, auch wenn sie unausgesprochen bleiben.

Von der Partnerwahl hängt viel ab, ob das familiäre Miteinander weiter harmonisch verläuft oder ob ein friedliches Miteinander schwierig wird.

Simon, 29:

„Obwohl meine Frau und ich uns große Mühe gegeben haben, eine gute familiäre Beziehung aufzubauen, zeigte besonders meine Mutter ganz deutlich, dass sie nichts von meiner Frau hält, weil sie aus einfachen Verhältnissen stammt und ich ihrer Meinung nach ‚etwas Besseres' verdient hätte. Während anfangs nur subtile Formen der Ablehnung erkennbar waren, wurden diese im Laufe der Zeit immer deutlicher, indem sie offensichtlich und ungeniert meine Frau missachtete und sie so behandelte, als sei sie Luft. Sie antwortete nicht auf ihre Fragen und taxierte sie stattdessen abwertend.
In letzter Zeit verschärfte sie ihr Verhalten, indem sie nur mich einlud, um dadurch zu zeigen, dass meine Frau nicht dazu gehört. Diese Ausgrenzung betrifft auch mich, denn, wer meine Frau ausgrenzt, grenzt auch mich aus. Aus Loyalität zu meiner Frau und – um mich vom Verhalten meiner Mutter zu distanzieren – habe ich den Kontakt zu meiner Mutter abgebrochen."

Simons Mutter ist davon überzeugt, dass ihr Sohn „etwas Besseres" verdient hätte und lässt die Missbilligung der Partnerinnenwahl ihres Sohnes an dessen Frau aus. Erst in der nächsten Eskalationsstufe, als die Mutter ihn ohne seine Frau einlud und sie damit ausgrenzte, zog Simon die Reißleine, solidarisierte sich mit seiner Frau und brach den Kontakt zu seiner Mutter ab.

Maja, 35:

„Meine Mutter ist generell ein schwieriger Mensch. Sie ist sehr distanziert und regt sich über alles Mögliche ständig auf, weiß alles besser, kritisiert an allem herum, ist aber hyperempfindlich, wenn sie selbst kritisiert wird. Wenn ich mir ihre Kommentare anhöre, ist mein Mann eine totale Fehlbesetzung, taugt nichts, kann nichts und kommt aus dem falschen Milieu, weshalb er nach Auffassung meiner Mutter nicht in unsere Familie passt.

Neulich waren wir auf einer Familienfeier, da erklärte meine Mutter vor versammelter Sippe, dass mein Mann sein Leben alleine nicht geregelt bekäme. Freunde hätte er auch keine.

Mir blieb vor Wut die Luft weg. Mein Mann sagte nichts, um die Situation nicht eskalieren zu lassen. Ich begriff, dass ich handeln musste, um meiner Mutter, die den Bogen überspannt hatte, Grenzen zu setzen. Wir zogen uns unauffällig von der Feier zurück und brachen aufgrund der Attacke meiner Mutter den Kontakt ab, um Ruhe zu bekommen."

Besonders wichtig ist für Familienbetriebe Kontinuität und, dass die Nachfolge in der Generationenfolge gesichert ist. Bringt beispielsweise ein Landwirt eine Frau ins Haus, die sich zwar für den Mann, nicht aber für die Landwirtschaft und die Familie des Mannes interessiert, sind Konflikte zu erwarten.

3.4 Folgen unangemessener Erwartungen der Eltern

3.4.1 Identitäts- und Rollenkonflikte

Das Hauptproblem von Eltern erwachsener Kinder besteht oft in einem Rollenkonflikt der Eltern, die sich weiter im „Elternmodus" befinden und denen es schwerfällt, ihre Elternrolle abzulegen. Sie sehen ihre Kinder (noch) nicht als Erwachsene, die ihre eigenen Erfahrungen machen möchten.

Simone, 31:

„Obwohl ich erwachsen bin, mein eigenes Geld verdiene und eine eigene Familie habe, wurde ich bei Besuchen meiner Mutter immer wieder von ihr gemustert und musste mir anhören: ‚Willst du das wirklich anziehen?' – ‚Warum denn nicht?' fragte ich zurück. ‚Weil man bei uns im Haus ordentlich angezogen zu sein hat.' Frustriert fragte ich sie: ‚Warum mäkelst du immer an meiner Kleidung rum?' Meine Mutter erwiderte: ‚Mach ich doch gar nicht. Ich dachte nur, du wolltest dich umziehen.' Irgendwann hatte ich die Nase gestrichen voll und ich zog mich wortlos über Jahre von meiner Mutter zurück, die mir ständig das Gefühl gab, nicht richtig zu sein. Ihr war nie klar zu machen, warum ich den Kontaktabbruch als einzige Möglichkeit sah, so sein zu dürfen, wie ich es für richtig hielt. Sie war immerzu das Opfer."

Simones Beispiel zeigt ein klassisches Phänomen, dass oft die Botschaft, die mit einer direkten Frage der Mutter transportiert wird, die Gefühle der Tochter verletzt. Im vorausgegangenen Beispiel ist klar zu erkennen, dass sich die Mutter immer noch aktiv in ihrer Mutterrolle befindet und sich demzufolge immer noch für ihre Tochter verantwortlich fühlt.

Stefanie, 35:

„Seit dem Grundschulalter habe ich ein chronisch schlechtes Gewissen, fühle mich in allen Bereichen unzulänglich, gebe mir für alles die Schuld. Eine Beratung bei einer Psychotherapeutin machte mir klar, dass ich von meiner Mutter emotional missbraucht (manipuliert) wurde.

Meine Mutter ist selbst emotional verunsichert und ich denke, ich habe diese Bedürftigkeit schon immer gespürt und mich dafür verantwortlich gefühlt. Ich sicherte mir unbewusst ihre Liebe durch Überanpassung. Ich habe stets versucht, auf ihre Befindlichkeiten zu reagieren und darüber verlernt, meine eigenen wahrzunehmen und zuzulassen. Es fehlte mir an gesundem Ich-Bewusstsein, was zur Folge hat, dass ich meinen Selbstwert darüber definierte, den Ansprüchen anderer gerecht zu werden.

Das führte zur Selbstentfremdung. Meine eigenen Gefühle sind mir selbst in höchstem Maße fremd und wie ein kleines Kind kann ich nicht mit ihnen umgehen, bin ihnen ausgeliefert.

Um diesen Teufelskreis zu durchbrechen und mehr in Kontakt zu mir selbst zu treten, habe ich seit einem

Jahr keinen Kontakt mehr zu meiner Familie. Dabei ist das einzige Problem eigentlich meine Mutter. Mit meinem Vater kann ich viel besser umgehen, fast auf Augenhöhe reden. Er ist ruhig und besonnen, humorvoll, rational, abwägend und verständnisvoll. Er schafft es, ein Problem zu abstrahieren.
Mit meiner Mutter kann ich keine fünf Minuten zusammen sein, ohne dass es knallt. In ihrer Anwesenheit bin ich sofort wieder auf dem emotionalen Stand einer Vierjährigen, angreifbar, impulsiv, weinerlich. Und gleichzeitig ist da diese Liebe zwischen uns, fast greifbar, erstickend. Dabei haben wir einander schon seit Jahren nicht mehr in den Arm nehmen können.
Eigentlich ist meine Mutter immer bei mir. Sie ist mein Gewissen und sagt mir immerfort, dass das, was ich tue, nicht vollkommen ist, dass ich es besser hätte machen können. Sie erinnert mich an meine Verantwortung für alles, was schief läuft in meinem Umfeld. Ihr selbst ist das wahrscheinlich gar nicht so bewusst, für mich aber ein Grund, auf Distanz zu gehen."

In diesem Beispiel zeigt sich eine nicht erfolgte Ablösung des Kindes von der Mutter. Stefanie hat ihre Identität als Kind noch nicht überwunden und die Mutter behandelt sie in ihrer unveränderten Mutterrolle dementsprechend als Kind. (s. u. 3.4.2: „Ablösungskonflikte")

Allgemein kann festgestellt werden, dass es zu Rollenkonflikten dann kommt, wenn die Erwartung an den Anderen, wie er seine Rolle spielen sollte, enttäuscht wird.

Die Schwierigkeiten sind auch darin begründet, dass bestimmte Rollen nicht eindeutig definiert sind, sich im Laufe der Zeit inhaltlich ändern oder nicht (bzw. nur schwer) miteinander vereinbar sind.

Eine besondere Phase in der Beziehung zwischen Eltern und Kindern deutet sich dann an, wenn Kinder selbst eine Familie gründen und Eltern werden. Bisherige Rollen verändern sich: Die Kinder werden zu Eltern, die Eltern zu Großeltern. Bei aller Freude läuft dieser Rollenwechsel nicht immer ganz harmonisch ab, sondern führt häufig zu Konflikten. Zumindest ist es eine ambivalente Phase, die viel Fingerspitzengefühl von beiden Seiten verlangt, damit nicht unwissentlich gravierende Identitäts- und Rollenkonflikte ausgelöst werden.
Viele Kontaktabbrüche durch erwachsene Kinder gehen auch auf das Konto besserwisserischer Eltern, die ihre Kinder, die sich in ihrer neuen Rolle als Eltern erst einmal finden müssen, verunsichern.
Das treibt diese nur unnötig in den Rollenkonflikt, ihren eigenen Kindern Eltern zu sein und gleichzeitig von den eigenen Eltern als Kinder und nicht auf Augenhöhe behandelt zu werden.
Die ungefragten Ratschläge der besserwisserischen Mutter, dass z.B. vor jeder Babyberührung die Hände zu waschen sind, das Kinderzimmer großflächig mit Sagrotan desinfiziert werden muss und zum Stillen Fencheltee beigefüttert werden sollte, damit das Baby keine Blähungen bekommt, bringt die Tochter an den Rand der Krise. Den Erfahrungsvorsprung der Mutter empfinden Töchter, die sich gerade in ihrer neuen Rolle als Mutter üben, als glatte

Beleidigung und natürlich als Übergriff, gegen den sie sich nicht selten durch Rückzug wehren.

Die inhaltliche Veränderung der Rollen auf familiärer Ebene wurde und wird darüber hinaus beeinflusst von Veränderungen auf gesellschaftlicher Ebene:
Die 68iger Frauenbewegung stellte traditionelle Rollenbilder in Frage. Emanzipation und Feminismus haben nicht nur das gesellschaftliche Frauenbild verändert, sondern gleichzeitig die traditionellen Männerrollen in Frage gestellt:

Das Rollenverhalten der Frauen:
Töchter haben gelernt und erfahren, dass Mütter in unserer Gesellschaft in der Regel für ihr selbstloses Engagement keine besondere Wertschätzung erfahren, sondern dass von ihnen erwartet wird, viele unterschiedliche Rollen zu spielen, für alles verantwortlich zu sein und dafür zu sorgen, dass alles so funktionieren möge, dass alle anderen zufrieden sind.
Früher wurden die Rollenbilder für Mann und Frau als Vorgabe gesehen, wie die Geschlechter sein mussten – und wer nicht in dieses Bild passte, musste sich ändern. Vor rund 100 Jahren war es zum Beispiel für die meisten Menschen ganz selbstverständlich, dass die Interessen einer Frau sich ausschließlich auf die Familie und den Ehemann richten mussten – es war Mädchen und Frauen schlichtweg lange nicht möglich, andere Interessen auszuleben als diejenigen, die von der Gesellschaft vorgegeben waren. Und auch Jungen und Männer hatten es schwer,

wenn sie nicht den Rollenvorstellungen der Gesellschaft entsprachen.

Bis in die 70iger Jahre des vorigen Jahrhunderts waren Frauen, die arbeiten gehen wollten, auf die Zustimmung ihrer Ehemänner angewiesen. Auch ein Konto konnten Ehefrauen nur mit Unterschrift ihres Ehemannes einrichten.

Das alles hat sich grundlegend verändert, denn im Gegensatz zur Mütter- oder Großmüttergeneration hat die heutige Frauengeneration qualifizierte Ausbildungen und Berufe. Demzufolge verdienen Frauen ihren eigenen Lebensunterhalt, wodurch sie selbstbewusst, autonom und finanziell unabhängig sind.
Nur noch wenige Frauen empfinden das frühere Lebensmodell mit der alten Rollenverteilung als attraktiv, in der der Mann der Ernährer der Familie war und die Frau sich alleine um Kinder und Haushalt kümmerte. Der Trend geht zur partnerschaftlichen Familienführung.
Frauen bestimmen heutzutage auch, ob, wann und wie viele Kinder sie bekommen. Die Geburtenkontrolle macht's möglich.

Das Rollenverhalten der Männer:
Infolge des Rollenbildes der Frau hat sich auch das Rollenbild des Mannes verändert. Sogar bei den so ungeliebten Arbeiten im Haushalt ist das feststellbar. Während noch bis vor wenigen Jahren Aufgaben wie Putzen, Waschen oder Spülmaschine ausräumen überwiegend von Frauen erledigt wurden und der Herr im Haus nur Reparaturen

und Autopflege übernahm, engagieren sich Männer zunehmend im Haushalt. Dieser Aufbruch findet aber eher unter jüngeren Männern statt, insbesondere unter denen mit gut ausgebildeten, erwerbstätigen Partnerinnen.
Auch Söhne orientieren sich nicht mehr am Rollenverhalten ihrer Väter. War demzufolge früher, als es fest definierte Rollen gab, alles einfacher? Was müssen das für entspannte Zeiten gewesen sein, als unumstritten klar war, was ein Mann ist, stark, mutig und rational. Sie hatten die Hosen an, denn sie verdienten das Geld und fuhren das Auto. Es war klar, wer Karriere machte, wer das höhere Ansehen genoss und auf wessen Namen das Konto lief und der Grundbucheintrag lautete.
Männer unserer Zeit können sich in ihrer Mann- und Vaterrolle nicht mehr an ihren Vätern orientieren. Sie wollen den Ansprüchen ihrer Partnerinnen genügen. Diese wünschen sich emanzipierte, erwachsene Männer, die kommunikationsfähige, warmherzige Partner sind. Sie sollen im Beruf durchsetzungsstark sein und gute, geduldige Väter, die früh genug nach Hause kommen, um noch schnell einzukaufen und möglichst viel Zeit mit den Kindern zu verbringen und zwar nicht nur um zu spielen, sondern auch sie zu windeln, zu baden und ins Bett zu bringen.
Aber so, wie die jungen Mütter mit *ihren* Müttern aufgrund der unterschiedlichen Auffassungen über das „richtige“ Rollenverhalten in Konflikte geraten können, kann es auch zwischen den jungen Vätern und *ihren* Vätern zu einem *Rollenkonflikt* kommen, wenn sie spüren, dass sie deren Erwartungen nicht entsprechen.

Sebastian, 39:

„Ich wurde von meinem Vater belächelt und nicht für voll genommen, weil ich Elternzeit beantragt habe, als mein Sohn geboren wurde. Immerzu stichelte er, ich mutiere zum Weichei und sei „weibisch", weil ich mit meiner Frau zusammen partnerschaftliche Elternschaft praktiziere und mir mit ihr Haus- und Erwerbsarbeit teile. Außerdem mischte er sich ständig ein, dass ich meine Karriere durch meine Entscheidung, Elternzeit zu nehmen, gefährde. Um ständigen Einmischungen und Übergriff zu entgehen, habe ich auf unbestimmte Zeit den Kontakt zu ihm abgebrochen. Ich habe keine Lust, mir vorschreiben zu lassen, wie ich meine Rolle als Ehemann und Vater auszufüllen habe."

Wenn Väter ihre Söhne auf Traditionen „verpflichten" wollen, bringen sie ihre Söhne in einen Identitäts- und Rollenkonflikt, aus dem diese sich durch Kontaktabbruch zu befreien versuchen.

3.4.2 Ablösungskonflikte

Unter Ablösung versteht man in der Psychologie die Auflösung der emotionalen Bindung der Kinder an ihre Eltern.

Diese Phase, in der sich die Loslösung oder Emanzipation der Kinder vollzieht und ein Schritt in die Autonomie gewagt wird, ist die Pubertät und Nachpubertät, die meist von heftigen Konflikten begleitet ist.

Der Jugendliche löst sich aus Abhängigkeit und Bindung zu bisherigen Bezugspersonen, indem er eine Gegenposition zu den elterlichen Standpunkten einnimmt und gemeinsame Werte in Frage stellt oder aufgibt. Er beginnt, sich selbst zu steuern und sein Leben zu gestalten. Das ist eine wichtige Voraussetzung für die Entwicklung der Persönlichkeit und das Ausbilden einer eigenen Identität.

Aber die *Emanzipation von den Eltern* und die damit verbundene Loslösung ist nicht leicht, sie passiert selten von selbst und ist meist mit äußeren oder inneren Konflikten und heftigen Gefühlen verbunden.

Verläuft dieser oft schwierige Ablösungsprozess aber nicht störungsfrei, kann es im ungünstigsten Fall zu einem Ablösungskonflikt kommen:

1. Das Kind befreit sich aus der Symbiose mit den Eltern in einer Phase der Rebellion oder
2. dem Kind gelingt es nicht, sich emotional von den Eltern zu lösen und verliert durch Anpassung seinen Kampf um eine eigene Identität.

3.4.2.1 Die Rebellion

In dem Wunsch, mit Eltern und Familie im Einklang zu bleiben, versucht der Jugendliche zunächst, seine Eltern zu ändern, bzw. deren Wertvorstellungen und Werte, was allerdings nur selten gelingt. Bei diesen untauglichen Korrekturversuchen fallen Jugendliche oft von einem Extrem

ins andere, wodurch es zu massiven Konflikten zwischen den Generationen kommt.
Ich nenne diese Zeit, die Phase der Rebellion.
Bei der *Rebellion* versucht man, das Eigene – also die eigene Identität – dadurch zu finden, indem man sich den Erwartungen der Eltern verweigert oder entzieht. Das Kind tut genau das Gegenteil von dem, was die Eltern von ihm erwarten. Hat der Vater kurze Haare, trägt man sie lang – und umgekehrt.
Doch Rebellion ist noch nichts Eigenes. Es ist Anpassung – mit umgekehrtem Vorzeichen. Konflikte, bei denen es zu Trotzreaktionen und aggressivem Verhalten von Jugendlichen, aber auch Erwachsenen kommen kann, entstehen vor allem dann, wenn Eltern während dieser Zeit ihren heranwachsenden Kindern zu enge Grenzen setzen.
Von Eltern heranwachsender Kinder verlangt ein erfolgreicher Ablösungsprozess *loszulassen* und ihre Kinder, die sie zuvor behütet und beschützt haben, ins Leben zu entlassen und zuzulassen, dass sie eigene Erfahrungen machen können.
Nachdem sie ihren Kindern Wurzeln gegeben und sie fit fürs Leben gemacht haben, müssen sie ihre Kinder bei der Ablösung unterstützen und ihnen Freiräume und Flügel geben, statt diese zu beschneiden. In dieser Phase ist der Erziehungsauftrag beendet und speziell Müttern fällt es aus Angst vor dem Verlust ihrer Lebensaufgabe und ihres Lebenssinns schwer, die Mutterrolle loszulassen. Das führt dann oft dazu, dass Kinder über einen Kontaktabbruch versuchen, sich von ihren übermächtigen oder auch klammernden Eltern zu befreien. Manchmal wollen sie

auch den ständigen Konflikten mit ihren Eltern oder deren Unverständnis ausweichen.

Eine wirkliche Lösung allerdings ist es nicht, denn eine innere Bindung kann nicht durch eine äußere Trennung beseitigt werden. Trotz eines Kontaktabbruchs tragen Kinder einen Teil ihrer Eltern in sich, allein schon über die Gene. Versuchen sie, dagegen anzukämpfen, geraten sie unweigerlich in einen Identitätskonflikt.

Mirella, 33:

> *„Ich habe seit nunmehr 3½ Jahren keinen Kontakt mehr zu meinen Eltern und musste den radikalen Weg über einen Kontaktabbruch gehen, weil sie mich durch ständige Einmischung daran hinderten, mein eigenes Leben zu führen. Für mich war es ein schwerer, aber notwendiger Schritt, um mich aus der Umklammerung meiner Eltern zu befreien. Meine Mutter wollte auch das nicht verstehen und ignorierte meinen ausdrücklichen Wunsch, keinen Kontakt zu ihnen haben zu wollen. Sie schrieb mir Karten und rief ab und zu noch an, was dazu führte, dass ich mir eine Geheimnummer zulegte. Ich hatte zuvor versucht, meinen Eltern zu erklären, warum dieser Schritt für mich wichtig sei. Verstanden haben sie offenbar nichts."*

Speziell bei klammernden Eltern, die nicht loslassen können oder wollen und bei sehr dominanten, autoritären Eltern, die ihre Kinder als persönliches Eigentum betrachten, versuchen deren Kinder während des Ablösungsprozesses, den ständigen Konflikten und Auseinandersetzungen auszuweichen, indem sie auf Distanz gehen und den Kontakt zu ihren Eltern abbrechen.

So verlassene Eltern wissen dann nicht, wie ihnen geschieht. Sie fühlen sich ohnmächtig, hilflos, ausgeliefert, als Opfer und erkennen nicht, dass ihre Kinder dieses Mittel einsetzen, um sich ihr Recht auf Freiheit und ein eigenes, selbstbestimmtes Leben zu nehmen.

Kinder, die sich auf Identitätssuche befinden und im Kontaktabbruch zu ihren Eltern die einzige Möglichkeit sehen, ihr eigenes Leben zu führen, fällt es nicht leicht, konsequent auf Distanz zu gehen und sie leiden nicht selten am meisten unter der von ihnen selbst errichteten Kontaktsperre. Viele Kinder, die den Kontaktabbruch zu ihren Eltern erwägen, tun dies nicht aus Übermut, sondern aus einer seelischen Notlage heraus.

Manche erwachsenen Kinder sind von den Eltern so verletzt oder enttäuscht worden, dass sie seit Jahren keinen Kontakt mehr zu ihnen haben und ihrem eigenen Kind sogar die Großeltern verweigern.

So notwendig ihnen eine solche Kontaktsperre für das eigene psychische Wohlergehen vorkommen mag, es ist keine gute Lösung, denn auf ihrer inneren Leinwand bleiben die Eltern damit riesengroß und Furcht erregend und sie selbst als erwachsenes Kind klein und schwach. Das entspricht aber nicht der Realität. Eltern und erwachsene „Kinder" sind gleich groß, sind auf Augenhöhe, doch wenn die inneren Bilder das äußere Geschehen überlagern, scheint manchem der Kontaktabbruch als einzige Option, der belastenden Situation zu entkommen.

Eine Kontaktsperre – oft über Monate oder Jahre – ist ein drastisches Mittel, das aber für Kinder oft das letzte Mittel des *Selbstschutzes* ist, um sich innerlich von ihren Eltern zu emanzipieren, vielleicht auch zu befreien.

Allerdings besteht, wie schon erwähnt, ein Dilemma: Man kann sich zwar von seinen Eltern distanzieren, den Kontakt zu ihnen abbrechen und versuchen, sie zu vergessen. Die Eltern allerdings aus dem eigenen Leben verbannen zu wollen, ist sinnlos, denn was auch immer an ihnen stören mag, sie sind und bleiben die Lebensgrundlage ihrer Kinder. Bekämpfen diese die Eltern in sich oder brechen sie den Kontakt zu ihnen ab, geraten sie fast immer in eine Identitätskrise und leiden unter Schuldgefühlen.

3.4.2.2 Die Anpassung

Wenn der Ablösungsprozess nicht gelingt, bleiben Eltern und Kinder in einer schwierigen Eltern-Kind-Symbiose gefangen.

Hier verhält sich auch das erwachsene Kind so, wie es die Eltern von ihm erwarten. Angepasste Kinder wohnen häufig in der Nähe ihrer Eltern, besuchen sie regelmäßig und haben regelmäßige telefonische Kontakte, um ihre Eltern an ihrem Leben teilhaben zu lassen. Sie bezeichnen es als ein „inniges Verhältnis". Nur der Partner oder Außenstehende wundern sich über das Zuviel an Nähe.

Manche Eltern lieben es, ihre Kinder kritisch oder fürsorglich zu begleiten. Sie wollen einerseits ihre Kinder loslassen und andererseits klammern sie und senden manchmal sogenannte Doppelbotschaften, die oft nicht einfach zu entschlüsseln sind, aber Schuldgefühle fördern: *„Du kannst am Wochenende ruhig mit deinen Freunden ausgehen, ich komme schon allein zurecht!“*

Ein solcher Satz einer Mutter wird angepasste Kinder in eine missliche Lage bringen, denn die Verabredung mit Freunden wird überschattet von unausgesprochenen, aber angedeuteten Wünschen der Mutter, die das Wochenende allein verbringen muss. Dieser durch die Doppelbotschaft entstandene moralische Druck macht wütend und hilflos. Die Wut darf aber weder gezeigt noch ausgesprochen werden, weil die Mutter dann in Tränen ausbrechen oder mit Leidensmine herumlaufen könnte, was dann dazu führen würde, dem Kind dadurch ein schlechtes Gewissen zu machen.

Manche Eltern umklammern ihre Kinder mit den *„Ich-brauche-euch-Botschaften“*: Die Kinder werden offen oder subtil für den Hof, die Geschäftsübernahme, die Eltern- oder Großelternpflege oder die Grundstückspflege verpflichtet. Eine Ablehnung dieser Verpflichtung kann Kinder in Konflikte bringen. Andere Eltern engen ihre Kinder ein durch ihre krankheitsbedingt nachlassende Autonomie und ihre Erwartung, von ihnen gepflegt zu werden. Sie halten den Kindern vor, dass sie Anspruch auf ihre Versorgung haben, weil sie auch für ihre alten Eltern gesorgt hätten.

In Beratungen und Seminaren begegnen mir immer wieder erwachsene Kinder, die unter ihren dominanten Eltern leiden, sich aber nicht durch Kontaktabbruch befreien können, weil sie sich in einer emotionalen Abhängigkeit befinden, dadurch manipulierbar sind und schnell von einem schlechten Gewissen geplagt werden.
Manche Eltern wollen ihre Ziele durch die Kinder verwirklichen und behindern damit deren individuelle Entwicklung, die Partnerfindung und insbesondere den gesunden Aufbau einer Beziehung. Der Grad der Bestimmung der Eltern über das Leben des Kindes kann sehr hoch sein, wie folgende Beispiele zeigen:

Katrin, 32:

> *„Ich stelle mein Versprechen, mit den Kindern schwimmen zu gehen, zurück, wenn meine Mutter von mir erwartet, dass ich sie zur Bank begleite. Ich sage das verlängerte Wochenende in Holland ab, das ich mit meiner Familie geplant und worauf ich mich bereits monatelang gefreut habe, wenn meine Mutter zu mir sagt: ‚Mir geht's nicht so gut und ich verlange doch wirklich nicht viel, wenn ich dich einmal bitte dieses Wochenende für mich zu sorgen.' Und am Fliegenfänger hänge ich erst recht, wenn Mama sagt: ‚Meine Nachbarin, Frau … meinte auch schon, dass du so mit mir umgehst, hätte ich nicht verdient wo ich mich doch für dich aufgeopfert habe.'"*

Dieses Beispiel macht deutlich, wie eine dominante Mutter ihre Tochter mit Hilfe verbaler Manipulation und emotionaler Erpressung beherrscht.

Aus Angst vor Kontrollverlust lassen solche Mütter es nicht zu, dass ihre Töchter ihr eigenes Ich entwickeln. Das Ergebnis sind unsichere, angepasste Frauen.
Familiäre Kommunikationsmuster, nach denen gezielt oder fahrlässig Abwertung und Ausgrenzung betrieben werden, haben weitreichende Folgen. Angepasste Kinder können sich dem Einfluss entwertender Botschaften kaum entziehen. Die Verinnerlichung solcher Botschaften beschädigt ihr Selbstbild und ihr Selbstbewusstsein und bildet eine wesentliche Grundlage für neurotische Störungen. Sie ist das Ergebnis seelischer Gewalt der Eltern. (s. u. 3.5.2: „Seelische Gewalt"). In solchen Fällen kann oft nur eine Therapie helfen.

Yvonne, 37:

> *„Meine Eltern waren wohl irgendwie Zyniker. Sie hatten offensichtlich Spaß daran, mir Angst zu machen, mich lächerlich zu machen und herabzusetzen und mir das Gefühl zu vermitteln, es nicht wert zu sein, geliebt zu werden. Obwohl sie mich schlecht behandelten, habe ich sie geliebt. Nur mit Hilfe einer Therapeutin ist es mir gelungen, mich von ihnen zu lösen. Seit 3 Jahren habe ich keinen Kontakt mehr zu ihnen und seitdem geht es mir richtig gut. Ich habe gute Freunde, die mir ihre Wertschätzung zeigen."*

Besonders kompliziert kann es werden, wenn Kinder heiraten. Manche Eltern wollen bei der Hochzeit ihres Kindes die Gästeliste, die Details der Planung, die Kleider und das Essen bestimmen. Nicht selten werden durch finanzielle

Abhängigkeiten bezüglich der Finanzierung der Hochzeit schwierige Situationen geschaffen.

Ein junger Mann, der noch emotional abhängig von seinen Eltern ist, insbesondere von seiner Mutter, hat oft massive Probleme in seiner Beziehung zu seiner Partnerin. Hatte ein Mann in der Jugend eine emotional zu enge Beziehung zu seiner Mutter und schaffte es nicht, eine gesunde Distanz aufzubauen und sich abzugrenzen, dann verharrt er in der Position des „ewigen Kindes".

Er bleibt abhängig von der Gunst, den Vorstellungen und Meinungen der ersten Frau in seinem Leben – seiner Mutter – und ist nicht frei für eine reife Beziehung zu einem anderen Menschen. Die Beziehung zur Mutter kann das gesamte (Liebes-) Leben eines Mannes überschatten und damit beginnen die Beziehungsprobleme in der Partnerschaft, denn Frauen wünschen sich erwachsene, beziehungsfähige Männer.
Ein Mann, der sich nicht wirklich aus seiner Kindesrolle befreien konnte, ist nicht erwachsen. In Bezug auf die Liebe heißt das: Er wird sich nicht eindeutig für seine Partnerin mit allen Konsequenzen entscheiden können. Daraus ergibt sich die Frage: *„Wann ist ein Mann ein erwachsener Mann?"*

Nach meiner Erfahrung ist ein Mann dann erwachsen und emanzipiert, wenn er in der Lage ist, eine intime, gleichberechtigte Beziehung zu genießen und gleichzeitig einen angemessenen Kontakt zu seinen Eltern zu pflegen.

Besonders bei Familienfeiern und zu Weihnachten fallen erwachsene Kinder – die sich nicht emanzipiert haben – häufig in alte Rollenmuster zurück.

Hannah, 39:

> *„Besonders bei den ritualisierten Zwangsveranstaltungen wie Geburtstagen oder Weihnachten erlebe ich es immer wieder, wie der eigene Partner, der beruflich erfolgreich ist und selbstbewusst seinen Alltag meistert, im Umgang mit seinen Eltern, insbesondere mit seiner Mutter, zu einem kleinen Würstchen mutiert."*

Hannah muss erleben, dass sich ihr Mann seinen Eltern gegenüber nicht erwachsen verhält, weil auch bei ihm die Ablösung von seinen Eltern nicht gelungen ist und seine Eltern, insbesondere seine Mutter, immer noch emotionale Macht über ihn besitzt. Hannahs Mann befindet sich im Kontakt mit seinen Eltern immer noch in der Kindesrolle. Das ist die Ursache vieler Beziehungsprobleme, denn Hannah verliert mit der Zeit die Achtung vor ihrem Mann, der sich gegenüber seiner Mutter als höriger „Muttersohn", als großes Kind, entpuppt.

Viele Frauen, deren Ehemänner Muttersöhne sind, versuchen oft verzweifelt, Klarheit in den Beziehungen zu schaffen. Sie fordern von ihren Männern, zu ihnen zu stehen, sich eindeutig zu positionieren und den Kontakt zu ihren Familien abzubrechen, um so die unnatürliche Mutter-Sohn-Symbiose aufzulösen. Viele sehen zumindest in einer vorübergehenden Kontaktsperre den letzten Ausweg, um ihre Ehe zu retten.

Meist realisieren sie aber nicht, dass eine solche „Auszeit" nicht das Problem löst, denn eine von außen initiierte Trennung führt nicht zur emotionalen Ablösung, sondern schafft oft nur ein schlechtes Gewissen des Ehemannes.

Warum Frauen sich erwachsene Männer wünschen, beschreibt der Paartherapeut Roland Kopp-Wichmann in seinem Ratgeber *„Frauen wollen erwachsene Männer. Warum Männer sich ablösen müssen, um lieben zu können."*[3]

Von seinen Eltern ablösen muss sich jeder, der ein eigenes, selbstbestimmtes Erwachsenenleben führen möchte. Erwachsen ist man erst, wenn man eine eigene Identität entwickelt hat, sich abgrenzen kann und emotional unabhängig ist. Die Ablösung ist aber auch deshalb notwendig, um sich danach auf der Erwachsenenebene neu begegnen zu können.

Welche Folgen ungelöste Ablösungskonflikte haben, ist in Loriots Film „Ödipussi" karikiert worden: *„Pussi, was möchtest du denn heute Abend essen?"* fragt die Mutter ihren erwachsenen Sohn, der die 50 weit überschritten hat. Dass die Ablösung in der Phase der Pubertät hier misslungen ist, erkennt sogar der Laie.

3.5 Seelische Defizite der Eltern

3.5.1 „Emotionale Wüste“

Es gibt Eltern-Kind-Beziehungen, in denen die Kinder leiden, weil ihre Eltern unfähig sind, Gefühle zu zeigen. Solche Eltern wirken auf ihre Kinder gefühllos, unnahbar, ablehnend.

Es fällt diesen Eltern unendlich schwer, Liebe in Worten, Gesten und Handlungen auszudrücken. Sie sind fürsorgliche Eltern, was all die alltäglichen Bedürfnisse ihrer Kinder anbelangt: Ernährung, Ausbildung, Gesundheit. Aber wenn es um Zeichen der Zuneigung geht, sind sie blockiert und wirken auf ihre Kinder verstörend. Ich spreche in diesem Zusammenhang von „Emotionaler Wüste“. Das folgende Beispiel verdeutlicht dieses Problem:

Sophia, 42:

„Ich habe vor 2 Jahren den Kontakt zu meinen Eltern abgebrochen. Irgendwann konnte ich die Gleichgültigkeit und Emotionslosigkeit meiner Eltern nicht mehr aushalten. Jeder Versuch, ihnen über Gespräche emotional näher zu kommen, scheiterte. Wir schafften es nicht, über Gefühle und Gefühlsverletzungen zu sprechen und kamen übers Wetter oder das Fernsehprogramm nie hinaus. Jahraus, jahrein wurden die gleichen Floskeln und Anekdoten gedroschen, Tratsch verhandelt, der Gesundheitszustand des Hundes diskutiert oder der jeweilige Benzinpreis rekapituliert. Bei

mir hinterließen die oberflächlichen Treffen zuerst Enttäuschung und Leere, allmählich aber ein Gefühl der Verzweiflung. Es war, als kämen wir von unterschiedlichen Planeten und redeten in verschiedenen Sprachen. Nach diesen Besuchen bin ich jedes Mal in ein emotionales Loch gefallen, heulte im Stillen und habe mich gefragt, was das alles für einen Sinn hat. Bei meinen Eltern ließ ich mich immer seltener blicken, bis ich meine Besuche völlig einstellte."

Wenn Eltern die Emotionen ihrer Kinder nicht erwidern, fühlt sich das für diese so an wie eine Zurückweisung. So war es auch bei Sophia. Es war für sie unerträglich, erkennen zu müssen, dass es zwischen ihr und ihren Eltern keine emotionale Basis gab und sie ihre Eltern auch in der Kommunikation nicht emotional erreichen konnte. Um diesen Schmerz und diese Enttäuschung nicht immer wieder spüren zu müssen, versuchte sie es zunächst mit Vermeidungsverhalten, indem sie ihre Eltern immer seltener besuchte, bis sie dann den Kontakt völlig abbrach.

Andrea, 41:

„Mein Mann hat mich verlassen, ich habe keine Perspektiven im Job, kaum Freunde, stattdessen Wut, Selbstmitleid, Selbstmordgedanken. Vor eineinhalb Jahren befand ich mich auf dem Tiefpunkt eines von Unglück und Druck geprägten Lebens. Dabei waren die äußeren Umstände komfortabel gewesen: Ein liebevoller Mann, zwei wunderbare Kinder, ein Haus.

Doch innen in mir war es schwarz, dunkel, kalt. Immer wieder litt ich an heftigen Wutanfällen. Ich stieß

Menschen, die mich liebten, vor den Kopf, achtete weder meine noch die Grenzen anderer Menschen, schlief kaum noch und hasste mich mehr und mehr.
Resigniert von vielen vergeblichen Therapieversuchen machte ich schließlich eine systemische Familienaufstellung und erkannte, wie kalt, wie lieblos das Verhältnis zu meiner Mutter gewesen war. Endlich wurde mir klar, was die Ursache für mein verkorkstes Leben und die Wut in mir war: die Emotionslosigkeit meiner Mutter.
Mit Hilfe meiner Therapeutin lernte ich, mich selbst liebevoll anzunehmen und zu lieben und wurde dadurch von meiner Mutter emotional unabhängig. Heute, eineinhalb Jahre später, bin ich wieder mit meinem Mann zusammen, unseren Kindern geht es gut, neue berufliche Perspektiven haben sich aufgetan, mein Freundeskreis hat sich stabilisiert, meiner Mutter habe ich verziehen. Ich habe gelernt, mich selbst zu lieben."

Das Beispiel zeigt, dass sich bei Andrea durch die Gefühlsunfähigkeit ihrer Mutter eine Beziehungsstörung auf verschiedenen Ebenen entwickelt hatte, die trotz bester Lebensbedingungen bis in ihr Erwachsenenalter hineinwirkte und nur professionell gelöst werden konnte.
Die Lieblosigkeit der eigenen Mutter löste eine grundsätzliche Erschütterung des „Selbst" aus. Heftigste Ohnmachts-, Wut- und Angstgefühle traten auf.

Um diese mächtigen Gefühle nicht immer wieder aushalten zu müssen, wird häufig der Kontakt zur Mutter oder zu den Eltern abgebrochen, in der Hoffnung, die emotionale

Belastung damit loszuwerden. Bei Andrea hat dagegen eine Therapie geholfen.

Die Unfähigkeit der Eltern, Gefühle auszudrücken, hat gravierende Folgen für ihre Kinder: Sie weckt in den Kindern eine tiefe Sehnsucht danach, als liebenswert wahrgenommen und anerkannt zu werden. Da Kinder das Verhalten der Eltern auf sich beziehen und dann glauben, daran schuld zu sein, empfinden Kinder sich als nicht liebenswert. Viele leiden sogar noch im Erwachsenenalter unter dem erlittenen Mangel und misstrauen ihren eigenen Gefühlen.

Kinder brauchen für ihr psychisches Wachstum emotionale Resonanz. Wenn sie die nicht bekommen, werden sie emotionale Analphabeten, d. h., sie lernen nicht, mit den eigenen Gefühlen umzugehen, sie lernen nicht, wie man eine Beziehung gestaltet oder wie man auf andere Menschen zugeht. Die Folgen sind emotionale Verunsicherung und Selbstzweifel. Als Erwachsene kommen sie aus diesem Teufelskreis nicht mehr hinaus. Und wenn sie eigene Kinder haben, wiederholen sich diese transgenerational vererbten Muster unbewusst.
Besonders betroffen von „gefühlsgepanzerten" Eltern waren bzw. sind die Kriegs- und Nachkriegskinder und sogar die Kriegsenkel.

Uschi, 64:

> *„Ich bin ein Nachkriegskind, hatte aber eine Kriegsmutter, um deren Liebe ich immer gebettelt habe. Immer hatte ich das Gefühl, dass ich ihr gleichgültig bin oder*

dass sie mich eigentlich ablehnt. Sie sprach niemals über ihre Gefühle, war stets zurückhaltend, kühl und unnahbar. Ich kann mich nicht daran erinnern, jemals mit ihr geschmust oder gekuschelt zu haben. Wohl aber hat sich meine Mutter gekümmert und gesorgt und wenn ich meine Beziehung zu meinen Kindern heute kritisch analysiere, muss ich leider sagen, dass auch ich als Mutter eher eine Kümmerin war und auch Probleme mit Nähe hatte und damit, Gefühle zu zeigen, was mir später Probleme mit meinen Kindern bescherte."

Auch ich – Jahrgang 1949 – habe unter der Gefühlsarmut meiner Kriegseltern gelitten. Unzählige Menschen, die wie ich in den 50er und den 60er Jahren in Deutschland aufwuchsen, hatten Eltern und Großeltern, die emotional auf die unterschiedlichste Weise durch den Zweiten Weltkrieg geschädigt worden waren.

Aber nicht nur unter der *Gefühlspanzerung* und Liebesunfähigkeit ihrer Mütter litten Kriegs- und Nachkriegskinder, sondern auch unter ihren „fernen, fremden Vätern", die durch den Krieg verroht und seelisch deformiert aus Krieg und Gefangenschaft zurückkehrten. Besonders bei „Spätheimkehrern" aus russischer Kriegsgefangenschaft zeigte sich eine schmerzhafte Entfremdung.

Die lange Abwesenheit der traumatisierten Väter hatte Mauern zwischen ihnen und ihren Familien errichtet. Bindungen und Beziehungen wurden durch die lange Abwesenheit infolge des Krieges und der Gefangenschaft zerstört. Viele Väter hatten ihre Kinder noch nie gesehen.

Es bildete sich in vielen Familien in der unmittelbaren Nachkriegszeit ein Milieu „emotionaler Wüste". Es ging immer nur um das tägliche Überleben und die Organisation des Mangels. Diese Lebensumstände prägten die Kinder dieser Zeit, von denen viele gezeichnet und emotional auf der Strecke blieben.

Wer sensibel und zart besaitet war und keinen Menschen hatte, der die damit verbundenen Gefühle und Bedürfnisse verstand, litt meist das ganze Leben lang unter der Unfähigkeit, mit Gefühlen umzugehen.

Rosemarie, 66:

„Ich bin ein Nachkriegskind und habe unter der Härte meiner Eltern gelitten. Für Gefühle war in unserer Familie kein Platz, z. B. getröstet oder in den Arm genommen zu werden.

Wenn wir uns als Kinder wehgetan hatten, sagte meine Mutter immer: ‚Stell dich nicht so an, davon stirbt man nicht!' Tränen abwischen, persönliche Zuwendung, Trostworte waren Fehlanzeige. Allenfalls kam noch die Bemerkung: ‚Konntest du nicht besser aufpassen, du Dussel. Jetzt hast du auch noch die Hose kaputt gemacht.'

Einmal habe ich mich beim Skifahren an einem, von einer Schneewehe verdeckten verrosteten Stacheldrahtzaun verletzt. Die Stacheln hatten sich in meinem Oberschenkel eingegraben. Ich biss die Zähne aufeinander und befreite mich. Dabei riss ich die Wunde regelrecht auf. Aus Angst vor Beschimpfung und Be-

strafung versorgte ich meine Wunde selbst mit Jod aus dem „Rote-Kreuz-Schränkchen" im Badezimmer.
Durch die rigide, gefühlsarme Art meiner Eltern habe ich gelernt, dass alles wichtiger ist als ich, z. B. die Hose. Ob ich mich verletzt habe und ob mir das wehtat, das interessierte meine Mutter nicht. Besonders emotionale Wahrnehmungen wurden als ‚Gefühlsduselei' oder ‚dummes Zeug' abqualifiziert. Ich habe gelernt, mich nicht wichtig zu nehmen und wurde darin trainiert, körperliche und seelische Schmerzen stoisch auszuhalten.
Leider habe ich das, worunter ich selbst so gelitten habe, an meine Kinder weitergegeben. Statt sie in ihren Gefühlen ernst zu nehmen und zu trösten, habe ich sie zur Härte gegen sich selbst erzogen und damit das Muster meiner Erziehung unreflektiert fortgesetzt."

Ein Kind, das in einem solchen Umfeld aufwächst, lernt, dass eiserne Disziplin über alles gestellt wird und später bedarf es jahrelanger Arbeit, um nachträglich eine gesunde Selbstwahrnehmung zu entwickeln.
Ich selbst hatte Eltern, für die es unmöglich war, über Gefühle zu sprechen geschweige denn, sie zu zeigen. Lebensfreude war für sie ein Fremdwort und einfach mal lustig zu sein und Spaß zu haben, ging für meine Eltern gar nicht. Sie vermittelten uns Kindern nur die Schwere des Lebens. Unbefangene Lebensfreude zu zeigen, empfanden sie als bedrohlich und als Kontrollverlust. Ich kann mich noch sehr gut an Äußerungen meiner Eltern erinnern, in deren Sprachgebrauch verankert war … „wie's drinnen aussieht, geht niemanden etwas an!" Wer mit der Überzeugung auf-

gewachsen ist, dass man „Contenance zu bewahren" hatte, dem ist das abtrainiert worden, was Kinder von Natur aus haben – einen direkten Zugang zu ihren Gefühlen.

In der kritischen Selbstanalyse ist mir aber auch bewusst geworden, was ich an emotionalen Defiziten unbewusst an meine Kinder weitergegeben habe. Wie meine Mutter drückte auch ich meine Liebe in Form von Kümmern und Fürsorge aus, statt mit Nähe, Zugewandtheit und Körperkontakt. Auch ich habe meine Kinder zu wenig in den Arm genommen, gelobt oder getröstet.

Die Emotionslosigkeit der Eltern, insbesondere der Mütter, hat oft lebenslange Folgen.

Gregor, 48:

„Ich habe lange unter meiner gefühlskalten Mutter gelitten. Einige Szenen des Erlebten kommen immer wieder an die Oberfläche. Eines Tages kam ich aus der Schule. Meine Mutter meinte nach dem Mittagessen: ‚Heute hat dir das Essen doch bestimmt besonders gut geschmeckt?' Ahnungslos fragte ich, ‚wieso?' Darauf antwortete sie, ‚guck mal unter deinen Teller.' Dort hatte sie den ‚blauen Brief' gelegt, der über die Versetzungsgefährdung in zwei Fächern informierte. Andere Mütter hätten ihre Kinder in einer solchen Situation getröstet und ihnen Mut zugesprochen. Meine Mutter war nicht nur bei diesem Beispiel eine eiskalte Zynikerin. Um erst gar nicht in die Situation zu kommen, kritisiert zu werden, entwickelte ich mich zum Ja-Sager und brachte meiner Mutter vorauseilenden Gehorsam entgegen. Diese devote Haltung führte auch bei anderen Menschen dazu, dass ich ausgenutzt wurde. Mit

Hilfe meiner Frau ist es mir gelungen, mich durch Kontaktabbruch aus dieser Destruktivität zu befreien."

Wie auch Gregors Beispiel zeigt, beziehen Kinder die Emotionslosigkeit ihrer Mütter auf sich und glauben, deren Liebe und Aufmerksamkeit nicht verdient zu haben. Sie versuchen das zu kompensieren, indem sie ihr Bemühen verstärken, angepasst, pflegeleicht und ihren Müttern zu Diensten zu sein und verausgaben sich oft, um über Leistung zu glänzen und anerkannt zu werden. Häufig sind derart „bedürftige Kinder" so engagiert, dass sie keine Zeit haben, ihre eigenen Bedürfnisse wahrzunehmen. Darüber hinaus wäre die Verfolgung eigener Interessen für sie mit Schuldgefühlen verbunden.

Um diesen unangenehmen Gefühlen nicht immer wieder ausgesetzt zu sein, brechen Kinder gefühlsarmer Eltern zu ihrem Selbstschutz den Kontakt zu ihren Eltern ab.

Auch heute noch müssen viele Kinder in einer Atmosphäre der emotionalen Armut aufwachsen. Sehr viele psychische Krankheiten von Kindern sind darin begründet, dass die Beziehung zu den Eltern schlecht ist, obwohl es die Eltern nicht absichtlich an Liebe fehlen lassen. Oft sind sie selbst betroffen von bestimmten psychischen Beeinträchtigungen. Da reicht das Spektrum von einer depressiven Mutter bis hin zu Menschen mit schweren Persönlichkeitsstörungen, die nicht mit ihren Kindern klarkommen und sie im Extremfall misshandeln.
Fehlende Emotionalität ist kein Unterschichtenproblem, es gibt sie in allen Schichten. Ein plakatives Beispiel sind

Königsfamilien mit emotional verarmten Prinzessinnen und Prinzen.

Wenn von *Wohlstandsverarmung* die Rede ist, dann handelt es sich nicht um Kinder, die hungern müssen, sondern um deren *unerfüllte, emotionale Bedürfnisse,* um Kinder, die keine Nähe erfuhren und nie in den Arm genommen wurden. Eine Wohlstandsverwahrlosung ist meist nicht auf den ersten Blick zu erkennen ist, da jene verwahrlosten Kinder bestens ernährt, gekleidet und mit materiellen Gütern versorgt sind, nur oft mit einem nicht, mit der einfühlsamen Liebe ihrer Eltern. Materiell bieten die Eltern ihnen oft fast alles, aber emotional mangelt es ihnen an Zuwendung. Oft sind Kinder erfolgreicher Eltern auch häufig wechselnden Bezugspersonen ausgesetzt wie immer neuen Kindermädchen, Tagesmüttern oder Betreuungspersonen in Eliteinternaten.

Aber auch die Kinder der Eltern, die Extremes am Arbeitsplatz oder gar mit mehreren Jobs leisten müssen, um die Existenz ihrer Familien zu sichern, sind die Leidtragenden. Sie bleiben am Ende emotional auf der Strecke, weil ihre Eltern für sie aufgrund ihrer Erschöpfung nicht erreichbar sind.

Seit den 90er Jahren wurde der Begriff der *„Wohlstandsverwahrlosung"* von der Psychologin Ulrike Zöllner geprägt.[4]

Die Autorin zeigt in ihrem Buch auf, dass es sich bei wohlstandsverwahrlosten Kindern längst nicht mehr nur um die Kinder superreicher Eltern handelt. Ihrer Auffassung zufolge sei es auch nicht verwerflich, wenn die Eltern viel arbeiten, um ihren Kindern einiges zu ermöglichen. Es sei aber falsch, Wohlstandsverwahrlosung nur mit Reichtum

in Verbindung zu bringen. Das Problem liege ganz allgemein beim fehlenden Interesse der Eltern, die dann ihr eigenes Fehlverhalten mit Materiellem versuchten zu kompensieren.
Was diesen Kindern, die oft im materiellen Überfluss leben, fehlt, ist emotionale Nähe. Manchmal können Eltern ihren Kindern diese aber nicht geben, weil sie diese selbst nie erfahren haben.

3.5.2 Seelische Gewalt

Um seelische Gewalt zu erkennen, eignet sich eine Unterscheidung von *verbaler* und *nonverbaler* seelischer Gewalt mit ihren zugehörigen Ausdrucksformen.

Erscheinungsformen v*erbaler seelischer Gewalt* sind u. a.: Beleidigung, Drohung, Beschimpfung, Verunglimpfung, entwürdigende Bemerkungen, Bloßstellung, Demütigung, verächtliche Aussagen, Sarkasmus, Zynismus, öffentliche Herabsetzung, Verängstigung, Herrschaftsverhalten (Dominanz), Ausübung von Zwang.
Nonverbale seelische Gewalt tritt fast immer subtil in Erscheinung und bleibt deshalb oft unerkannt. Ihre Erscheinungsformen sind:
Mimik, wie Augenrollen, provozierendes Grinsen, Gestik wie die „kalte Schulter“ zeigen, Ignoranz, Übersehen, Überhören, aggressives Schweigen, Liebesentzug.
Da in der Realität die verbale und die nonverbale Form seelischer Gewalt oft kombiniert auftreten, verwende ich

nachfolgend einfachheitshalber ausschließlich den Begriff „Seelische Gewalt".
Obwohl es seelische Gewalt in vielen Familien gibt, gilt dieses Thema als Tabu. Der Mythos von der Familie als Ort der Geborgenheit, des Zusammenhalts, der Unterstützung und der emotionalen Sicherheit wird hartnäckig verteidigt. *„Was nicht sein darf, das nicht sein kann!"*
Aber, seelische Gewalt zählt zu den häufigsten Formen von Gewalt an Kindern und wird oft sehr subtil ausgeübt. Man muss ein Kind nicht schlagen, um ihm weh zu tun. Liebesentzug und Herabsetzung sind eine ebenso grausame Maßnahme wie jede Demütigung.
Oftmals geschieht das gar nicht bewusst. Aussagen wie *„wenn du jetzt nicht gleich hörst, dann habe ich dich nicht mehr lieb"* oder *„wie dumm kann man eigentlich sein?"* werden unüberlegt dahingesagt und hinterlassen doch ihre Spuren.
Vor allem kleine Kinder sind dieser Form der Gewalt häufig ausgesetzt und können sich gegen die Abwertung, die sich in ihre Seele schleicht, nicht wehren. Wissenschaftler der Universität Leipzig haben sogar herausgefunden, dass emotionaler Stress dieser Art nicht nur in der Seele, sondern nachweisbar im Gehirn Spuren hinterlässt und dass Liebesentzug für Stressnarben sorgt.[5]
Seelische Gewalt beginnt schon damit, dass Eltern ihrem Kind die Möglichkeit nehmen, sich auszuprobieren und entwickeln zu können.
(s. o. 3.4.2.2 Die Anpassung)

Wenn Eltern ihr Kind mit Schweigen bestrafen, so werden sie über kurz oder lang seinen Willen brechen, denn Kinder können sich nur dann gut entwickeln, wenn sie sich geliebt fühlen. Setzen seine Eltern Schweigen als Bestrafung ein, lernt ein solches Kind, dass es nur dann geliebt wird, wenn es „brav“ ist. Im Umkehrschluss bedeutet das, dass es sich auf die positiven Gefühle seiner Eltern ihm gegenüber nicht verlassen kann, da es nicht dafür geliebt wird, wie es ist, sondern dafür, wie es sich verhält. Wenn sich diese Erfahrung wiederholt, wird das Kind darauf programmiert, sich für nicht liebenswert zu halten, der Liebe nicht würdig zu sein. Und dieses Gefühl wird es sein Leben lang als seelischen Ballast mit sich herumtragen.

Elterliches Schweigen ist für Kinder seelische Folter. Ein Kind zur Strafe zu ignorieren und sämtliche Versuche auf Versöhnung schweigend abzulehnen, führt dazu, dass das Kind sich nicht nur ohnmächtig und hilflos, sondern auch schutzlos fühlt. Viele Kinder haben mehr Angst vor diesem Gefühl als vor körperlicher Gewalt, wobei auch jede Form körperlicher Gewalt automatisch eine seelische Verletzung beinhaltet.
Seelische Gewalt hinterlässt keine sichtbaren Zeichen, sondern untergräbt schleichend Selbstbewusstsein und Selbstwertgefühl. Das hat oft noch im Erwachsenenalter schlimme Folgen.

Nils, 22:

„Geschlagen haben meine Eltern mich nie, aber das war auch nicht nötig. So manches Wort war viel schlimmer als Schläge. Ich habe eine ganz spezielle Beziehung zu

dem Ausdruck Versager, ich kann es nicht ertragen, weil es das häufigste Wort ist, das ich von meinen Eltern zu hören bekam. Offensichtlich war ich eine herbe Enttäuschung für meine Eltern, weil ich so anders war, als sie sich ihr Kind vorgestellt hatten und weshalb ich Ihre Erwartungen nicht erfüllen konnte. Früher habe ich oft geheult, wenn ich als Versager pauschal abgewertet wurde. Für mich war das Psychoterror, dem ich mich nicht entziehen konnte.
Als ich vor 2 Jahren zum Studium das Elternhaus verließ, befreite ich mich auch von meinen Eltern, indem ich den Kontakt zu ihnen abbrach. Finanziell war ich ohnehin nicht von ihnen abhängig, weil ich BAFÖG erhielt. Erst in einem neuen Umfeld, das mir Respekt und Wertschätzung entgegenbrachte, gelang es mir, Selbstbewusstsein aufzubauen, das meine Eltern zerstört hatten. Meine Eltern sehen sich als Opfer und haben sich, wie ich von Bekannten erfuhr, der Selbsthilfegruppe ‚Verlassene Eltern' angeschlossen. Ihnen ist offensichtlich nicht klar, dass mein Kontaktabbruch eine Antwort und Selbstschutzmaßnahme auf ihre ständigen Beleidigungen war, denen ich mich auf diese Weise entzog."

Die nachfolgenden Beispiele schildern die seelische Gewalt, die von der Dominanz der Eltern ausgeht, wenn diese das Kind als persönliches Eigentum empfinden, es vereinnahmen, es beherrschen und zu etwas zwingen, was es nicht möchte oder was ihm nicht entspricht.

Nora, 21:

„Meine Eltern deklarieren es ja immer als Fürsorge, für mich aber sind ihre Dominanz, ihre ständige Kontrolle und Übergriffigkeit unerträglich geworden. In ihrem Bedürfnis nach Macht und Kontrolle ignorieren sie meine Intimsphäre und haben auch kein Unrechtsbewusstsein, in meinen persönlichen Sachen zu schnüffeln oder sich während meiner Abwesenheit an meinem PC zu schaffen zu machen. Ich weiß, dass ich meine Eltern nicht ändern kann, weshalb ich eine Entscheidung getroffen habe: Obwohl ich eigentlich während meines Studiums zu Hause wohnen bleiben wollte, habe ich mich um eine WG bemüht, um erst mal eine gesunde Distanz zu schaffen, um ich selbst sein zu können, was meine Eltern zu Hause aber nicht respektieren."

Sarah, 26:

„Meine Eltern behandelten mich wie ihr Eigentum. Sie hielten mich bewusst unselbstständig. Meine Eltern hielten mich emotional auf dem Stand eines Kindes. So war ich für sie leichter zu kontrollieren. Alles wurde mir verboten. Wenn andere feiern gingen, musste ich zu Hause bleiben. Wo andere bei Freunden übernachten durften, konnte ich von so etwas nur träumen. Alles wurde kontrolliert, wo ich war, mit wem und wie lange. Besuch durfte immer nur zu uns kommen, aber ich durfte fast nie zu anderen gehen. Bei uns durfte übernachtet werden, weil meine Mutter es kontrollieren konnte.

Und dann entglitt ich der Kontrolle meiner Eltern, indem ich mich verliebte. Für jede normale Mutter wäre mein Freund ein Vorzeigeschwiegersohn gewesen, gutaussehend, intelligent und aus gutem Haus. Für mich begann die Hölle auf Erden. Mein Freund war für meine Eltern sofort der Feind. Nun wurde mein Leben noch exzessiver kontrolliert, denn man wollte die Beziehung unterbinden. Die Psychospielchen meiner Eltern wurden immer perfider, aber irgendwann gehorchte ich einfach nicht mehr, meine Eltern hatten keine Macht mehr über mich. Ich wurde mit Ignoranz bestraft, als Monster hingestellt, überall wurde erzählt, wie schlimm ich doch mit meinen Eltern umgehe. Dabei stand ich nur für mich ein – und das zum allerersten Mal! Meinen Eltern setzte der Kontrollverlust derart zu, dass sie mich verfluchten, es nicht wert zu sein, ihre Tochter zu sein. Das war für mich der Zeitpunkt, mein Elternhaus und meine Eltern zu verlassen, um zu überleben.“

Jana, 21:

„Meine Eltern ließen mir keinen Raum, ich selbst zu sein und auch mal für mich allein zu sein. Auf Schritt und Tritt bewachten sie mich wie ihr persönliches Eigentum. Sie bestimmten, was richtig und gut war. Eigene Entscheidungen zu treffen, ließen sie nicht zu, sie entschieden, wie etwas zu laufen hatte. Was ich wollte oder für richtig hielt, das interessierte sie nicht. Sie hatten die totale Kontrolle über mich und mein Leben.

Mit Hilfe einer Therapeutin schaffte ich es, mich von ihnen zu befreien und eine Sicherheitsdistanz durch Kontaktabbruch aufzubauen. Seitdem geht es mir besser. Für mich war der Schritt des Kontaktabbruchs ein

Befreiungsschlag, den ich aber ohne professionelle Hilfe nie allein geschafft hätte."

Dominante Eltern wollen alles im Griff haben. Sie sind häufig überengagiert und bringen sich stark ein, womit sie ihre Bestimmerposition rechtfertigen. Kindern solcher Eltern ist es fast unmöglich, ihnen Grenzen zu setzen. Jana hat es nur mit therapeutischer Hilfe geschafft, sich aus dem Dunstkreis ihrer bestimmenden, vereinnahmenden und kontrollierenden Eltern zu befreien. Die wenigsten solcher Eltern haben Empathie für den Drang ihrer Kinder nach Freiheit und Selbstbestimmung und verstehen auch nicht, dass ihre Kinder Kontrolle, zu enge Umklammerung, Einengung, Dominanz und seelische Vereinnahmung (Manipulation) von ihnen weggetrieben haben könnte.

Es gibt auch Kinder, die sich durch Flucht aus dem Elternhaus befreien wollen. Das folgende Beispiel zeigt den Machtmissbrauch religiös-fanatischer Eltern:

Juliane, 34:

„Ich war erst fünf Jahre alt, als ich nach der Scheidung meiner Eltern zum ersten Mal mit meiner Mutter in den Himmelreichsaal zur Versammlung ging. Meine Kindheit war seitdem geprägt von Ängsten, Demütigungen und körperlicher Gewalt, nächtelangen Predigten und Teufelsaustreibungen. Nach und nach übergab meine Mutter meine Erziehung in die Hände des Sektenführers, dem ich seit diesem Zeitpunkt schutzlos ausgeliefert war. So lebte ich mehr als 10 Jahre lang. Als meine Lebensumstände immer unerträglicher wurden,

entschied ich mich zur Flucht, obwohl mir bewusst war, dass das auch ein endgültiger Kontaktabbruch zu meiner Mutter sein würde, die mit einer Abtrünnigen keinen Kontakt haben darf.“

Juliane entflieht der Enge, der Unterdrückung und der seelischen Gewalt und zahlt dafür einen hohen Preis für ihre Flucht in die Freiheit. Die „Zeugen Jehovas“, um die es sich beim vorausgegangenen Beispiel handelte, sind streng hierarchisch organisiert. Die Sektenführung duldet keinen Widerspruch, deren Meinung wird streng autoritär an die unteren Ebenen weitergegeben. Die Mitglieder werden zur besseren Kontrolle von ihrem sozialen Umfeld abgeschottet. Der Umgang mit Personen außerhalb der Gemeinde ist nicht gern gesehen. Das Leben der Zeugen ist fast ausschließlich auf die Sekte beschränkt. Das Führungsmittel der Sektenführung ist in erster Linie Angst. Es wird mit der ewigen Verdammnis gedroht oder mit dem Ausschluss aus der Gemeinschaft. Da keine soziale Bindung außerhalb der Sekte besteht, ist ein solcher Ausschluss von den Zeugen sehr gefürchtet.

Ein anderes Beispiel für die Flucht aus seelischer Gewalt in die Freiheit:

Nathalie wächst 16 Jahre auf dem Land behütet und geleitet durch strenge Regeln im Schoße einer Sekte auf. Als ihr Stiefvater eine Position als Rechtsanwalt für die Religionsgemeinschaft in Köln angeboten bekommt, greift er zu. Mit dem Umzug der ganzen Familie aus der Provinz nach Köln wird Nathalie vielfältigen Einflüssen ausgesetzt.

Nathalie, die bisher eine Klosterschule besucht hatte, wird in ihrer neuen Schule mit einer Vielfalt von neuen Einflüs-

sen konfrontiert. Ihre Lehrer reagieren mit Unverständnis auf ihre Verweigerung, am Sportunterricht teilzunehmen oder vorgegebene „anrüchige“ Lektüre im Deutschunterricht zu lesen. Bis auf einen Mitschüler, in den sie sich verliebt hat, stehen ihr auch ihre Mitschüler kritisch gegenüber.
Nathalie nimmt Kontakt zu ihrem leiblichen Vater auf, um mit seiner Unterstützung der Sekte zu entfliehen. Ihr ist aber auch klar, dass das der Kontaktabbruch zu ihrer Mutter bedeutet, weil die Glaubensgemeinschaft es nicht duldet, Kontakt zu „Abtrünnigen“ zu pflegen.

Über das Sektenleben und die inneren Strukturen gibt es ein Selbsterfahrungsbuch von Monika Deppe: *Die Zeugen Jehovas. Auch ich habe ihnen geglaubt/Sanfter Einstieg, harter Ausstieg,* Brunnen-Verlag.

3.5.3 Narzissmus

In unserem Alltag begegnen wir immer häufiger ich-bezogenen und gleichzeitig mimosenhaft empfindlichen Menschen mit einem Drang nach Bewunderung und Selbstinszenierung. Wenn dieses Bedürfnis ein gewisses Maß überschritten hat, liegt die Persönlichkeitsstörung „Narzissmus“ vor.
Die Ursachen dieser Persönlichkeitsstörung hat Reinhard Haller in seinem Buch *„Die Narzissmusfalle“*[6] wunderbar beschrieben.
Eltern, besonders Mütter, mit einer narzisstischen Persönlichkeitsstörung können im Umgang sehr anstrengend

sein. Manchmal kann es sogar passieren, dass sich alles nur noch um ihre Bedürfnisse dreht.

Sich gegenüber narzisstischen Eltern zu behaupten, ist für Kinder extrem schwierig. Narzissten greifen ständig regulierend ein, dulden keinen Widerspruch und erwarten, dass sich alle ihren Regeln unterwerfen. Es geht ihnen nicht darum, ein glückliches und beschauliches Familienleben zu gestalten, sondern nur darum, nach außen eine perfekte Familie zu präsentieren.

Kinder narzisstischer Eltern bleibt oft nur die Möglichkeit, sich durch eine Trennung von den Eltern von diesen krankhaften Auswirkungen zu befreien, wie folgendes Beispiel zeigt:

Jasmin, 32:

„Meine Eltern waren schon immer streng. Ich musste immer die besten Leistungen mit nach Hause bringen, ansonsten war die Hölle los. Als ich älter wurde, wurden Noten immer wichtiger für meine Eltern. Sie kauften mir teure Computerprogramme, an denen ich jeden Tag stundenlang lernen musste. Danach wurde ich meist noch Vokabeln abgefragt. Gute Noten waren für meine Eltern das allerwichtigste. Ich hatte das Gefühl, meine ganze Person wurde nur an meinen Noten gemessen. Bekam ich einmal eine 3, hatte ich schon Angst nach Hause zu kommen, denn bei einer 3 waren meine Eltern schon unzufrieden mit mir. Ich wurde belächelt und musste stundenlang begründen, warum ich so schlecht war. Bei einer 4 ging zu Hause die Welt unter. Dann wurde ich abgewertet und beschimpft.

Meine Mutter steigerte sich meist so sehr rein, dass sie mich irgendwann nur noch anschrie. Dann kamen Sätze wie: ‚Mach' mal so weiter, dann stecken wir dich ins Internat! Ist ja nicht auszuhalten, wie blöd du bist!' Ich hatte große Angst davor, ins Internat gehen zu müssen. Also strengte ich mich noch mehr an. Ich lernte früh, dass ich nur geliebt wurde, wenn ich Mama und Papa alles recht machte. Eigene Gedanken und Wünsche ließen sie nicht zu.

Ganz selten, wenn ich mich mal traute zu sagen, was ich gerne machen würde, wurde dies schnell als Blödsinn abgetan und am Ende getan, was meine Mutter wollte.

Wichtig war meinen Eltern, dass ich unbedingt in einen Verein musste. Anfangs war es Ballett, dann Judo, schließlich Tennis. Damit konnten meine Eltern protzen und auch damit, dass ihre Tochter schon vier Sprachen sprechen kann und hochbegabt ist! Dass ich dafür gezwungen wurde, jeden Tag stundenlang zu ackern, wurde natürlich nicht erzählt.

Meine Mutter gab stets Kommandos. Wer sie wirklich war, wusste ich nicht, nur, dass sie immer zu Hause war, den Haushalt super erledigte und über alles bestimmte. Mein ganzes Leben wurde bis ins kleinste Detail bestimmt, was ich aß, wie ich mich kleidete, welche Frisur ich trug, mit wem ich zu tun hatte, was ich lernte und was ich zu denken hatte.

Mein Vater war mir noch fremder. Er herrschte über meine Mutter. Meine Mutter drohte mir immer, wenn ich mich ihr mal widersetzte, ‚ich sag es deinem Vater, heute Abend wirst du was erleben.' Ich hatte Angst vor

meinem Vater, denn der fackelte nicht lange, sondern schlug zu, wenn ich nicht tun wollte, was meine Eltern wollten. Er nannte es Respekt und brachte mir bei, dass Eltern immer Recht haben. Das gehöre sich so. Bis heute habe ich Angst vor männlichen Autoritäten und traue mich nicht, ihnen meine Meinung zu sagen. Ansonsten demütigte mich mein Vater ständig, zu dumm, zu dick und zu dämlich zu sein. Er behandelte mich ständig von oben herab und so, als könne man mir nicht vertrauen, weil ich grottenschlecht sei und nur Böses im Sinn habe. Ständig wurde mir suggeriert, ein Nichtsnutz zu sein.
Nach außen gaben wir die perfekte Familie ab, aber Raum für mich und meine Wünsche gab es nie. So lernte ich, es immer allen Menschen recht machen zu wollen, nie meine Meinung zu sagen, am besten gar keine eigene Meinung zu entwickeln. Ich dachte nur noch für die anderen. Wenn ich den zaghaften Versuch unternahm, zu mir zu stehen, mochte man mich nicht mehr. Ich war falsch. Was ich dachte und fühlte war immer falsch. Also fügte ich mich wieder, war meinen Eltern zu Willen, aus Angst, ihre Liebe zu verlieren.
Erst mit Hilfe eines Psychotherapeuten gelang es mir, mich aus der Destruktivität meiner Eltern zu befreien.“

Die Erscheinungsformen des Narzissmus im Elternhaus können sehr unterschiedlich sein und Kinder entsprechend negativ prägen. Der Narzissmus der Eltern kann übergehen in seelische Gewalt und Kinder zerstören.

Solche Eltern können Kindern – wie Jasmins Beispiel es zeigt – das Gefühl vermitteln, alles falsch zu machen, obwohl sie damit nur ihre Überlegenheit demonstrieren, ohne Rücksicht auf Verletzungen des Kindes oder das, was sie in ihrem Kind anrichten. Dies geschieht, weil Narzissten emotional verkümmert sind, ohne ausreichendes Mitgefühl für andere. Sie verstehen es nicht, ihr Kind zu beschützen, wie es ihrer Mutter- oder Vaterrolle entspräche. Sie wollen kontrollieren und erwarten Unterwerfung. Das Kind wird vom Narzissten nicht als eigenständig gesehen, was spätestens in der Pubertät Konflikte bei der Suche nach der eigenen Identität aufwirft.
Was kann ein Kind tun, wenn seine Eltern narzisstisch um sich kreisen, oder wenn sie selbst so bedürftig sind, dass sie vom eigenen Kind Anerkennung und Bestätigung einfordern?
Kinder narzisstischer Eltern sind durch die Persönlichkeitsstörung ihrer Eltern überfordert und selbst in späteren Jahren als Erwachsene spüren sie noch die Belastung. Das Leid setzt sich dann fort. So beschreibt es Nina W. Brown, amerikanische Professorin und Gruppenpsychotherapeutin in ihrem Buch *„Kinder egozentrischer Eltern“*[7] und gibt Hinweise, wie erwachsene Kinder mit dieser belastenden Prägung umgehen können. Wichtig sei es für Kinder narzisstischer Eltern, ihr Selbstwertgefühl zu verbessern und intakte Beziehungen zu anderen Menschen aufzubauen, die ihnen das Gefühl gäben, so, wie sie seien, gut und richtig zu sein.
Weil narzisstisch gestörte Eltern nicht zu ändern sind, muss man zwangsläufig bei sich selbst anfangen, um eine zu schwere Last abzuwerfen. Und wenn gar nichts mehr

hilft, das alte Eltern-Kind-Muster zu ändern, dann sollten Kinder Begegnungen mit ihren Eltern, die ihnen nicht guttun, auf ein Minimum reduzieren oder nur an öffentlichen Orten stattfinden lassen, die einen „Fluchtweg“ bieten. Manchmal ist der Kontaktabbruch zu den Eltern die einzige Rettung.

3.6 Bindungsstörungen

Bindung schafft, vereinfacht ausgedrückt, ein emotionales Band zwischen Kind und Bezugsperson (meist der Mutter). Auf dieser Basis bauen wir Menschen alle weiteren Beziehungen unseres Lebens auf. Aber, Bindung ist ein komplexer, von vielen Faktoren abhängiger und störungsempfindlicher Vorgang.
Bereits während der Schwangerschaft wird das noch ungeborene Kind auf seine Mutter geprägt. Es reagiert auf ihre Stimme, aber auch auf ihre Gefühlszustände und es wird sogar darauf geprägt, was die Mutter in ihrer Ernährung bevorzugt. Aus der Prägung entwickelt sich eine Bindung. Bei der Mutter wird bei der Geburt eines Kindes im Normalfall durch die Ausschüttung des Bindungshormons Oxytoxin das Bindungsverhalten aktiviert.
Das Bedürfnis nach Bindung ist ein biologisches Grundbedürfnis. Im Laufe des ersten Jahres entwickelt das Baby eine emotionale Bindung an die Hauptbezugsperson, meist die Mutter. Die Bindungsperson gibt dem Baby eine sichere Basis, von der aus der Säugling seine Umwelt erkundet. Feinfühliges Verhalten der Mutter fördert die Entwicklung einer *sicheren Bindung* und damit die gesunde psychische

Entwicklung des Kindes. Eine gute wertschätzende und sichere familiäre Bindung ermöglicht ein Leben lang Unterstützung, Geborgenheit und Rückhalt.
Eine *Bindungsstörung* kann entstehen, wenn die sensible Prägephase, in der sich Bindung und Urvertrauen ausbilden, gestört wird und die Eltern die Bedürfnisse des Kindes nach Sicherheit und emotionaler Beruhigung nicht befriedigen können.
Einem Kontaktabbruch liegt fast immer eine Bindungsstörung zwischen Eltern und Kindern zugrunde.
Als Erwachsene sind auch die Kinder für die Beziehungsgestaltung mitverantwortlich. Häufig sind aber schon die Eltern bindungsgestört.
Für Bindungsstörungen gibt es ein Bündel von *Ursachen*:

- Zu frühe oder ungewollte Schwangerschaft
- Zu frühe Trennung von Mutter und Kind
- Erkrankungen der Mutter
- Wechselnde Bezugspersonen
- Vernachlässigung
- Autoritärer Erziehungsstil
- Ideologische Ursachen

Zu frühe oder ungewollte Schwangerschaft
Bindungsstörungen können durch eine zu frühe oder ungewollte Schwangerschaft entstehen, die besonders für sehr junge Mütter eine Herausforderung darstellt. Jugendliche Eltern werden jäh konfrontiert mit einer Fülle unterschiedlicher Aufgaben. Sie sind auf die Verantwortung, die sie übernehmen müssen, oft noch nicht vorbereitet wie folgendes Beispiel zeigt:

Margit, 39:

„Ich wurde die ersten Lebensjahre ‚abgelegt' in Kinderbetten von Heimen, weil meine Mutter noch in Ausbildung war, wodurch ich während der Bindungsphase Heimerzieherinnen ausgeliefert war, die ihren Job machten, sicherlich aber nicht so fürsorglich, zugewandt und gefühlvoll beim Füttern, Wickeln und Waschen waren, wie es eine Mutter gewesen wäre. Zwischen den Versorgungen war ich die restlichen Stunden immer allein. Ich kann jetzt immer besser verstehen, warum ich mich bis heute nicht willkommen auf der Welt fühle. Die wichtigste Zeit mit meiner Mutter hatte ich nicht und dadurch konnte auch keine Bindung entstehen. Als meine Mutter mich irgendwann zu sich holte, konnte ich die für mich fremde Frau nicht annehmen und habe immer ‚gefremdelt'. Und meine Mutter hat bestimmt geglaubt, dass ich sie nicht mag. Dadurch entstanden Frust, Enttäuschung, Trauer und Ablehnung bei meiner Mutter. Es war aber nur – wie ich heute weiß – die Folge einer nicht erfolgten Bindung."

Zu frühe Trennung von Mutter und Kind

Bis in die 70iger Jahre des vorigen Jahrhunderts wurden Frühgeburten abrupt von ihren Müttern getrennt, um sie in steriler Umgebung im Inkubator intensivmedizinisch zu behandeln. Heute gibt es das aufgrund neuester Forschungsergebnisse nicht mehr, denn man hat erkannt, wie wichtig die Prägephase für die Bindung und die Prognose des Gedeihens sind.

Anita, 61:

„Zwischen meiner Tochter und mir gibt es eine Beziehungsstörung, die meines Erachtens die Folge des nicht erfolgten Bindungsaufbaus nach der Geburt ist. Sie kam als „Frühchen" (7-Monats-Kind) per Kaiserschnitt zu Welt und wurde unmittelbar nach der Geburt von mir getrennt und in der Kinderklinik 6 Wochen intensivmedizinisch behandelt. Nach einer Woche kam ich ohne Kind im Bauch oder auf dem Arm nach Hause. Der zusätzliche plötzliche, unnatürliche Hormonabfall führte mich in eine schwere Depression.

Es ist meiner Tochter und mir nicht gelungen, diese situationsbedingte Bindungsstörung, die immer wieder zu Konflikten und Kontaktabbrüchen durch meine Tochter führte, aufzulösen."

Heute wäre das undenkbar. Selbst bei Frühgeburten, die nur eine Hand voll Leben sind, sorgt der intensive (Haut) kontakt zu den Eltern, insbesondere der Mutter, zu einer nachweisbar höheren Überlebensrate. Während der Abwesenheit der Eltern wird z. B. den Babys eine Kassette mit der Stimme ihrer Mütter in den Inkubator gelegt. Das beruhigt und unterstützt ihr Gedeihen.

Erkrankung der Mutter

Eine Wochenbettpsychose, auch Wochenbettdepression oder „Babyblues" genannt, sind Erkrankungen, die die hochsensible Bindungsphase nach der Geburt unterbrechen, bzw. stören können.

Robert, 41:

„Meine Mutter litt, wie ich erst sehr spät erfuhr, nach meiner Geburt unter dem Baby-Blues, der sich in eine handfeste Depression entwickelte. Über Monate wurde ich gerade während der hochsensiblen Bindungsphase von ihr getrennt, weil sie in der Psychiatrie behandelt werden musste. Ich wurde von meiner Oma betreut und versorgt. Der nachträgliche Versuch meiner Mutter, eine Bindung herzustellen, schlug fehl, weil bei mir das Urvertrauen fehlte. Ich konnte mich bei meiner Mutter nie wohl und geborgen fühlen."

Es ist tragisch, wenn durch eine Erkrankung keine emotionale Beziehung zum Kind aufgebaut und sich keine „sichere Bindung" entwickeln konnte.

Wechselnde Bezugspersonen

Auch ein häufiger Wechsel der Bezugspersonen (z.B. in Heimen), der Tod der Eltern oder der Verlust der Bezugspersonen, lange Krankenhausaufenthalte können zu Bindungsstörungen und in deren Folge zu Beziehungsstörungen führen.

Manchmal, zumindest im Krankheitsfall, hat man kaum eine Wahl, trotzdem sind wechselnde Bezugspersonen für Kleinkinder eine Überforderung. Obwohl unter dem Label „frühkindliche Bildung" für eine möglichst frühe Betreuung der Kinder außer Haus geworben wird, bedenken Eltern oft nicht, welche Konsequenzen das für die Eltern-Kind-Bindung hat, denn Beziehungsfähigkeit entwickelt sich durch Bindung.

Bindungen sind in den Gefühlen verwurzelt und bilden die Grundlage für menschliche Beziehungen. Somit sichert das dem Menschen angeborene Bindungsverhalten das Überleben des Kindes. Bereits Neugeborene sind in der Lage, ihre Bezugspersonen zu erkennen und von ihnen zu verlangen, ihre Bedürfnisse zu befriedigen.

Von zentraler Bedeutung ist nun, wie persönliche Erlebnisse das Bindungsverhalten von Kindern beeinflussen. Sie machen unterschiedliche Erfahrungen mit ihren Bezugspersonen, prägen sich diese ein und bilden entsprechende Erwartungen bezüglich künftiger Interaktionen. Sprache, Gedächtnis, Emotionalität und Sozialverhalten werden von diesen Bindungserfahrungen stark beeinflusst.
Bereits in den ersten drei Jahren stellen Bezugspersonen die Weichen für die persönliche Entwicklung eines Kindes. Verhalten sie sich dem Kind gegenüber instabil, so können sie ihm erheblichen Schaden zufügen. Ein sensibler und ausgewogener Umgang ist daher äußerst wichtig und auch eine Begrenzung der Bezugspersonen, um das Kind nicht zu überfordern.

Vernachlässigung
Neben Bindungsstörungen kann aber auch die Vernachlässigung eines Kindes in den ersten drei Lebensjahren zu Beziehungsstörungen führen. Gründe dafür können sein, dass sich die Mutter aufgrund psychischer Probleme (z. B. Depressionen) nicht um ihr Kind kümmern kann.
Beziehungsstörungen traten häufig bei Kriegskindern auf, die auf der Flucht von ihren Eltern getrennt wurden, die in Kinderheimen auf dem Land evakuiert wurden oder sol-

che, die erst im Alter von 7 Jahren ihre aus der Gefangenschaft zurückkehrenden Väter kennenlernten.

Bernd, 75:

„Ich war sieben Jahre alt, als mein Vater aus dem Krieg zurückkehrte. Er war mir fremd und – obwohl ich mich nach meinem Vater gesehnt hatte – entsprach er ganz und gar nicht meiner Vorstellung eines liebevollen, verständnisvollen Vaters. Obwohl meine Mutter und ich ohne ihn recht gut zurechtgekommen sind, wollte er zeigen, wer der Herr im Hause ist. Er war der Meinung, dass meine Mutter mich zu einem Weichling erzogen hätte. Das wollte er ändern. Statt Geduld mit mir zu haben und mich mit Liebe zu gewinnen, erzog mein Vater mich mit unnachgiebiger Strenge, um mich gefügig zu machen. Er verwechselte Erziehung mit Drill und wollte mich mit Härte stählen und zu einem ‚richtigen Mann' machen. Mit preußischer Genauigkeit kontrollierte er die mir aufgetragenen Aufgaben. Seine Brutalität hat meinen Hass auf ihn nur noch verstärkt. Eine lebenslange Vater-Sohn-Problematik war die Folge. Bis zu seinem Tod, den ich als Befreiung empfand, habe ich keine richtige Beziehung zu meinem Vater aufbauen können."

Autoritärer Erziehungsstil

Die „schwarze Pädagogik" der 50iger Jahre mit Drill, Gehorsam und Angst führte vielfach zu Bindungs- und Beziehungsstörungen. Sogar Nachkriegskindern und Kriegsenkeln fehlte oft der Raum, um sich emotional entfalten zu können.

Auch ich hatte durch den Erziehungsstil meiner Eltern, der auf Angst und Macht basierte und uns Kinder rigide zum absoluten Gehorsam abrichtete, kein Urvertrauen zu meinen Eltern.

Unzählige Kinder, die wie ich in den 50er und den 60er Jahren in Deutschland aufwuchsen, hatten es mit unverarbeiteten, totgeschwiegenen oder verdrängten traumatischen Erfahrungen ihrer Eltern zu tun, die unterschiedlichste Ausprägungen, aber gleiche Folgen hatten: Bindungs- und Beziehungsstörungen.

Ideologische Ursachen

Bindungsstörungen können aber auch vorsätzlich – z. B. aus ideologischen Gründen – geschaffen werden. Der Nationalsozialismus hat ganz bewusst Barrieren in der Mutter-Kind-Beziehung aufgebaut und eine Bindungsstörung herbeigeführt.[8]

Johanna Haarers Erziehungsratgeber war eng an die NS-Ideologie angelehnt und richtungweisend für die Erziehung im Nationalsozialismus. Sie waren im Reichsmütterschulungskurs der NS-Frauenschaft eine Grundlage der Ausbildung junger Frauen. Die Grundzüge ihres Erziehungsideals waren Zucht und Unterwerfung. Das von Haarer gezeichnete Mutterbild ist gespickt mit Forderungen, Vorstellungen und Zielen der NS-Ideologie. Dem Mann und Vater kommt in ihrem Ratgeber keinerlei Bedeutung zu. Die Rolle der Frau wird reduziert auf ihre Funktion als Gebärende und Erziehende.

Nationalsozialistische Erziehung, basierend auf den sehr genauen Anweisungen von Haarer, war vor allem eine

Erziehung durch Bindungslosigkeit zur Beziehungsunfähigkeit. Mütter sollten stahlhart sein, um eine belastbare Generation zur Welt zu bringen. Die Babys wurden jungen Müttern nach der Geburt weggenommen und auf der Säuglingsstation von Säuglingsschwestern betreut.
Wie katastrophal sich das auf die Kinder ausgewirkt haben muss, kann man erst heute mit den Erkenntnissen der Bindungsforschung nachempfinden. Streicheln, Sprechen, Kontakt waren unerwünscht und galten als „Verzärtelung". Es wurden zudem bewusst regelrechte Sprachbarrieren aufgebaut. Das Wort „Mama" war verboten, es gab nur „Mutter", ein für Babys unaussprechliches Wort. Deutsche Kriegs- und Nachkriegsmütter haben das und auch die Erziehungsideologie, dass Züchtigung ein Erziehungsmittel ist und noch niemandem geschadet habe, weitergegeben *(... „eine Tracht Prügel hat noch nie geschadet")*. Sogar die Kirche unterstützte die Züchtigung *(... „wen Gott liebt, den züchtigt er.")*.
Hitler hat es verstanden, ein ganzes Volk zu manipulieren, indem er versuchte, die Mutter-Kind-Bindung zu zerstören, was bereits in seinem Buch „Mein Kampf" nachzulesen ist. Sein Ziel bestand darin, willig folgende Untertanen zu schaffen. Die Ärztin Johanna Haarer beeinflusste mit ihrem Ratgeber *„Die deutsche Mutter und ihr erstes Kind"* in diesem Sinne bis in die 80iger Jahre des vorigen Jahrhunderts die Erziehung der Kinder mehrerer Generationen.

Übrigens kann man bei allen Diktaturen beobachten, dass sie versuchen, die Mutter-Kind-Bindung zu manipulieren. Dort werden Säuglinge bereits sechs Wochen nach der Geburt tagsüber einer staatlichen Fremdbetreuung in

Ganztagskrippen überlassen, während die Mütter arbeiten müssen. Damit wird die so wichtige Bindungsphase unterbrochen.

Der Kontaktabbruch erwachsener Kinder ist oft Ausdruck einer *Bindungsstörung*. Bindungsstörungen entstehen meist als Antwort des Kindes auf die Unfähigkeit der Eltern (meist der Mutter), seine Bedürfnisse nach Sicherheit und emotionaler Beruhigung zu befriedigen.

4. Phasen des Kontaktabbruchs

Ein Kontaktabbruch der Kinder kommt in den seltensten Fällen überraschend, quasi, aus heiterem Himmel, worauf ich schon mehrfach hingewiesen habe.
Vielmehr ist er das Ende einer Entwicklung, in der das (erwachsene) Kind aus den in Kapitel drei dargestellten Gründen einen weiteren Kontakt mit den Eltern ausschließt.

Der Entfremdungsprozess beginnt i. d. R. mit einer „inneren Kündigung“ des Kindes.

4.1 Die „innere Kündigung“

Enttäuschte Erwartungen und das Gefühl, als Mensch nicht wahrgenommen zu werden, führen schnell zum Rückzug und zur „inneren Kündigung“.

Die wenigsten Eltern begreifen, was passiert, denn die Kinder kommen ja nach wie vor zu Besuch. Aber diese machen innerlich dicht, teilen sich nicht mehr mit, sondern sind allenfalls nur noch körperlich anwesend und halten Rituale und Traditionen ein. Den Eltern ist nicht bewusst, dass ihre Kinder resignierend in die „innere Kündigung“

gegangen sind, die zu weiterer Entfremdung führt und eine Vorstufe zu einem Kontaktabbruch sein kann.

Die Eltern solcher Kinder erkennen – bis auf die seltsame Schweigsamkeit – nicht, was das zu bedeuten hat. Oft haben sie auch noch jede Menge Erklärungen parat, z. B., dass ihr Sohn beruflich so gefordert ist oder die Tochter mit Job und Familie überfordert ist. In den wenigsten Fällen bringen Eltern das Verhalten ihrer Kinder mit sich selbst in Verbindung.

Oft hat es noch nicht einmal etwas mit irgendeinem „Fehlverhalten“ der Eltern zu tun, dass Kinder sich von ihnen zurückziehen. Immer mehr driften die Lebenswelten der Generationen auseinander, so dass es oft keine verbindende Basis mehr gibt bei Interessen, Werten und Lebensweise.
Es scheint eine unsichtbare Schwelle zu geben, über die Kinder auf dem Weg zum Erwachsenwerden schreiten. Sie scheinen danach auf einem anderen Stern als ihre Eltern zu leben.

Es gibt keine vertrauensvolle, emotionale Verbundenheit mehr, man identifiziert sich nicht mehr mit seinen Eltern und der Herkunftsfamilie und ist vielleicht nur noch als Statist aus Gewohnheit anlässlich Weihnachten und Familienfeiern zusammen.

Ein sehr häufiger Grund für den inneren Rückzug ist die Kommunikation, die in vielen Familien dramatisch schlecht ist, wodurch eine Entfremdung eintritt und man Kinder sagen hört: *„Meine Eltern verstehen mich nicht, meine Eltern erreiche ich nicht!"* So ist es verständlich, dass die Kinder sich zunehmend in Schweigen hüllen.

4.2 Schweigen

„Man kann nicht nicht kommunizieren, denn jede Kommunikation (nicht nur mit Worten) ist Verhalten und genauso wie man sich nicht nicht verhalten kann, kann man nicht nicht kommunizieren."[9]
Watzlawick schreibt, dass Kommunikation keine leichte Angelegenheit ist und nicht nur durch Sprechen erfolgt.
Beispiel:
Eine Frau sitzt im Wartezimmer eines Arztes. Sie starrt die ganze Zeit nur auf den Boden. Zunächst könnte man annehmen, sie würde nicht kommunizieren. Dennoch tut sie es, indem sie den anderen Wartenden nonverbal mitteilt, dass sie keinerlei Kontakt möchte.
Schweigen ist ambivalent: Es kann ein Mittel des *Selbstschutzes* aber auch der *Bestrafung* sein.

4.2.1 Schweigen als Mittel des Selbstschutzes

Wenn erwachsene Kinder nicht mehr mit ihren Eltern sprechen wollen, liegt das zunächst nicht daran, dass sie diese bestrafen wollen, sondern häufig daran, dass sie selbst resigniert haben. Einerseits können oder wollen sie die Erwartungen der Eltern nicht erfüllen, andererseits möchten sie sinnlose Diskussionen und Eskalationen vermeiden.

Während dieser Phase beginnt der Selbstschutz damit, dass man zwar noch über Belanglosigkeiten miteinander redet, aber nichts mehr von sich selbst erzählt. Damit vermeidet man Kommentierungen der Eltern, z. B. bewertet oder abgewertet zu werden.

Eine besondere Begründung des Schweigens als Mittel des Selbstschutzes begegnete mir in einem meiner Seminare. Dort äußerte sich eine junge Frau: *„Mein Schweigen war der letzte Versuch, mich verständlich zu machen."*
Dieser Satz ist ein Beispiel für *paradoxe Intervention.* Hier geht es darum, gehört zu werden, indem man nichts von sich hören lässt.

Für Eltern ist es ein Problem, dieses Schweigen zu entschlüsseln. Es bleibt dabei zu viel Raum für Missverständnisse.

Sabrina, 26:

> *„Ich habe immer wieder mit meiner Mutter versucht, über Probleme zu reden bis ich irgendwann erkennen musste, dass eine Kommunikation zwischen ihr und mir nicht möglich ist. Alle Versuche endeten im Desaster und damit, dass ich wüst beschimpft wurde. Inzwischen habe ich resigniert und zum Selbstschutz auf Schweigen geschaltet, weil mich eine Auseinandersetzung mit meiner Mutter zu viel Kraft kostet und*

nichts bringt. Ich erreiche meine Mutter einfach nicht, sie versteht mich nicht.“

Die Gründe für den Abbruch der Kommunikation bestehen in diesem Fallbeispiel aus vielen Missverständnissen und enttäuschten Erwartungen.

Guido, 42:

„Ich habe viele Versuche unternommen, um mich mit meinem Vater über Dinge der Vergangenheit auseinander zu setzen. Irgendwann habe ich ihm gegenüber ‚dicht gemacht‘, weil ich erkannte, dass er völlig anders tickt. Zudem ging mir irgendwann seine ständige Kritik auf die Nerven. Nie war ich richtig und nichts war gut genug. Ich fühlte, dass er mich destabilisierte und schottete mich zuerst durch Schweigen, später durch Kontaktabbruch von ihm ab, um nicht immer wieder verletzt zu werden.“

Schweigen kann – wie das Beispiel zeigt – als Schutz vor Verletzungen eingesetzt werden, um einerseits Streit und Eskalationen zu vermeiden, andererseits aber auch den Angeschwiegenen verunsichern, Missverständnisse und Spekulationen hinterlassen und zu weiterer Entfremdung von Eltern und Kindern führten.

Mit Schweigen reagieren Menschen oft auch auf eine *Überforderung*. Sie drücken damit aus, dass sie in Ruhe gelassen werden möchten. Wer gestresst ist und sich überfordert fühlt, ist nicht dazu in der Lage, sich auf Kraft zehrende Auseinandersetzungen einzulassen.

Manuela, 31:

„Mich haben die Debatten mit meinen übergriffigen Eltern und deren permanente Einmischungen immer total erschöpft. Oft war ich eine ganze Woche lang danach fix und fertig. Um das nicht immer wieder erleben zu müssen, entzog ich mich durch Schweigen, das für mich zum Schutzwall wurde, um mein Recht auf ein eigenes, unabhängiges, selbstbestimmtes Leben durchzusetzen."

Die Ruhe vor ihren Eltern, die sich Manuela geschaffen hat, ist für sie ein notwendiger Selbstschutz, durch den sie ihren Eltern nonverbal die Botschaft hinterlässt: *„Lasst mich in Ruhe."* Solche nonverbalen Botschaften sind übler und destruktiver als jede lautstarke Auseinandersetzung.

Wie die Beispiele zeigen, kann Schweigen zwar in gewissen Situationen entlastend und damit Selbstschutz sein, es ist aber kein geeignetes Mittel, um einen Konflikt zu lösen oder mit einem Menschen endgültig abzuschließen, denn ohne wirkliche Auseinandersetzung, ohne ein klärendes Gespräch, bleiben beide Parteien in belastender Weise miteinander verbunden.

4.2.2 Schweigen als Mittel der Bestrafung

Schweigen kann nicht nur als Mittel des Selbstschutzes eingesetzt werden, sondern auch als Mittel der *Bestrafung.* Mit Schweigen kann man mitunter eher dominieren und kontrollieren, als mit lautstarken Auseinandersetzungen.

Das Schweigen strategisch als Waffe einzusetzen, ist die Folge von *Erziehungssünden,* in denen sich transgenerational die Verhaltensmuster der Eltern fortsetzen. Wenn Kinder, die etwas angestellt haben, mit Schweigen bestraft wurden, sind sie mit seiner machtvollen Wirkung konditioniert worden.
Eltern missachten und strafen ihre Kinder auf diese Weise mit eisigem Schweigen. Damit „foltern" sie ihre Kinder seelisch und verweigern einen Dialog und damit jegliche Aufklärung und Aufarbeitung vorhandener Probleme.

Schweigen als Waffe einzusetzen, ist ein raffiniertes Mittel, um Druck und Macht auszuüben, und so seinen Willen durchzusetzen. Es ist raffiniert, weil es keine verbale Möglichkeit der Gegenwehr gibt, zumindest nicht zu geben scheint und insofern eine indirekte Gewaltausübung.

Kommunikation ist ein Grundpfeiler menschlicher Beziehungen. Darum ist Schweigen ein Alarmzeichen für den Zustand einer zwischenmenschlichen Beziehung.

Eine *Kommunikationsverweigerung* (auch aggressives Schweigen genannt) ist eine Form emotionaler Erpressung: *„Wenn du nicht tust, was ich will, entziehe ich dir meine Aufmerksamkeit."*

Sandra, 41:

> *„Wenn ich etwas angestellt hatte, straften meine Eltern mich, indem sie mich mit Nichtbeachtung und Schweigen ignorierten. Sie gaben mir das Gefühl, Luft zu sein und für sie nicht zu existieren. Sogar wenn ich dann*

ausrastete und mit Wut und Ärger darauf reagierte, ließen sie mich auflaufen.“

Saskia, 36:

„Meine Mutter ist einerseits charmant und liebenswürdig. Aber wenn ich etwas sage, was ihr nicht gefällt, dann traktiert sie mich mit verächtlichem Schweigen, das auf mich wie Folter wirkt. Mit diesem eiskalten Schweigen zeigt sie mir das ganze Ausmaß meiner Nichtswürdigkeit. Es ist dieses Kleinwerden, das ich dann spüre. Ihr Schweigen erstreckt sich über Stunden und Tage. Irgendwann geht sie ohne Entschuldigung oder einen Klärungsversuch einfach zur Tagesordnung über.

Ihre Ignoranz, Demütigung, Erniedrigung, Hinhaltetaktik, haben einen Namen: ‚Passive Aggressivität'. Immer sind die anderen schuld, nur sie hat Recht und sie ist sich niemals einer eigenen Schuld bewusst, was sie auch von jeglichen Entschuldigungen entbindet.

Wegen des Schweigens und der Ignoranz meiner Mutter, die ich als Waffe gegen mich gerichtet sah, habe ich mich aus ihrem Leben zurückgezogen.“

Wie beide Beispiele zeigen, erzeugt *passiv-aggressives Verhalten* in Form von Schweigen Verunsicherung. Die Beispiele machen die Macht und Destruktivität der Kommunikationsverweigerung deutlich und – welche Folgen und Auswirkungen sie haben kann.

Silke, 41:

„Die Beziehung zu meiner Mutter war immer schwierig. Wir haben uns nie wirklich gut verstanden. Wenn ich mit ihr etwas zu besprechen hatte, tat sie zunächst interessiert, als sei sie gesprächsbereit. Nachdem ich mich dann geäußert hatte, wich sie mir häufig aus, zuckte mit den Schultern und wechselte den Raum. Ich fühlte mich wie ein Nichts behandelt. Um mich vor ihrer Ignoranz zu schützen, setzte anschließend auch ich strategisches Schweigen ein, um ihr damit zu zeigen, dass es sinnlos ist, mit ihr zu sprechen."

4.3 Die Kontaktsperre

Während ein Kontakt*abbruch* von den (erwachsenen) Kindern bewusst als endgültige Trennung von den Eltern geplant wird, ist die Kontakt*sperre* ein Rückzug auf Zeit. Kinder erhoffen sich Entlastung und gesunde Distanz.

Eine Kontaktsperre kann für Eltern und Kinder eine notwendige, disziplinierende Beziehungspause sein, nach der man sich auf neuer Ebene wieder begegnen kann.

Ina, 29:

„Meine Mutter meint es eigentlich gut, nötigt mir aber ständig irgendetwas auf und es fällt mir sehr schwer, mich konsequent abzugrenzen und ihr deutlich zu machen, dass ich das nicht will. Wenn es mir doch mal gelingt, fühlt sie sich zurückgewiesen und kommt dann

immer mit Sprüchen wie ‚Undank ist der Welten Lohn, das habe ich nun davon, dass ich alles für dich getan habe.' Dann komme ich mir immer total undankbar vor und fühle mich schlecht. Das war auch ein Grund, warum ich mich für eine bestimmte Zeit von ihr zurückgezogen habe, in der Hoffnung, dass der erzwungene Abstand bei ihr eine Verhaltensänderung herbeiführen würde. Leider ist sie offensichtlich nicht lernfähig. Die Sendepause hat mich aber verändert: Meine Mutter hat nun keine Macht mehr über mich und inzwischen bin ich immun gegenüber ihren Vorwürfen."

Ina hat den Kontakt zu ihrer Mutter abgebrochen, weil sie sich davon eine Verhaltensänderung versprach. Obwohl Inas Mutter es eigentlich gut gemeint hat, war ihr Engagement manipulativ, denn sie erwartete Dankbarkeit und bewertete die Abgrenzung ihrer Tochter als Undankbarkeit.

Lioba, 42:

„Ich habe meine Eltern versucht, durch eine Kontaktsperre zum Umdenken zu bewegen. Ich war es leid, dass sie mir in alles hineinredeten und mir vorschreiben wollten, wie ich mein Leben zu gestalten und meine Kinder zu erziehen habe. Meiner Erfahrung nach hat mein vorübergehender totaler Rückzug eine Verhaltensänderung bei meinen Eltern herbeigeführt, was dann auch irgendwann zur Wiederannäherung führte."

Das Beispiel macht deutlich, dass es für erwachsene Kinder, die selbst bereits Eltern sind, auf Dauer unerträglich ist, von ihren Eltern immer nur von oben herab behandelt zu werden, ihnen nicht zuzuhören, ihre Meinung, Lebensweise und Entscheidungen nicht zu akzeptieren oder zumindest zu tolerieren. Kein Wunder, dass sie sich irgendwann von ihren Eltern abwenden. Für sie ist dann eine Kontaktsperre der letzte Ausweg, der am Ende einer langen Entwicklung steht.

Einer Kontaktsperre geht in der Regel eine „emotionale Entfremdung" voraus, weil Gefühle und Bedürfnisse der Kinder unerfüllt bleiben. Selten sind es einmalige Erlebnisse, die Kinder in die emotionale Entfremdung führen. Meist dauert es sehr lange, bis sie innerlich aufgeben.

Eine emotionale Entfremdung durchläuft verschiedene Stufen:

1. Ärger und Wut
Ärger und Wut sind sehr mächtige Gefühle, die von der Ohnmacht und Hilflosigkeit ablenken, wenn wir mit einer Umwelt konfrontiert sind, die auf unsere Bedürfnisse nicht angemessen reagiert. Durch Ärger und Wut fühlen wir uns stärker, als wir eigentlich in diesem Moment sind. Diese Form der Aggressivität zwingt den anderen dazu, sich so mit unserem Ärger auseinanderzusetzen.

2. Trauer
Kommen wir mit Ärger und Wut nicht weiter, werden wir traurig. Auch in der Traurigkeit steckt ein Appell an den anderen, diesmal zielt er auf das Gewissen. Viele können die Traurigkeit eines anderen nur schwer ertragen und

reagieren entsprechend. Dennoch ist diese Traurigkeit insofern echt, weil sie unseren Schmerz über die Nichterfüllung unseres Bedürfnisses und unserer mit ihr verbundenen Hilflosigkeit ausdrückt.

3. Resignation
Hilft alles nichts, gerät man in eine emotionale Lähmung (Apathie).
Menschen, die auf dieser Stufe der emotionalen Entfremdung gefangen sind, verstecken ihre tiefe Resignation oft hinter kompensatorischem Verhalten wie übertriebener Betriebsamkeit, immer gut drauf zu sein oder in permanentem Selbstmitleid, indem sie sich als Opfer fühlen und ständig um sich selbst kreisen.

Manches (erwachsene) Kind findet nach einer psychoanalytischen Therapie wieder den Weg zurück zu den Eltern, wenn es sich selbst kennengelernt hat und sich gut abgegrenzt fühlt, um die unguten, unbewussten Beziehungsschleifen nicht mehr entstehen zu lassen – unabhängig davon, ob sich auch die Eltern weiterentwickelt haben oder nicht. Viele Kinder sind auch versöhnt, wenn es schließlich mit der eigenen Familiengründung geklappt hat. Manche Kinder kommen nach Jahren zurück, manche nicht.
Erst dann, wenn Kinder alles versucht haben, aber am Ende keine andere Lösung sehen, kommt es zum (endgültigen) *Kontaktabbruch.*

5. Die Folgen des Kontaktabbruchs für die Eltern

5.1 Ausgegrenzt – Als Eltern entlassen

Wie fühlt es sich für Eltern an, wenn das eigene Kind von heute auf morgen keinen Kontakt mehr haben will, wenn es nicht mehr auf Anrufe reagiert, nicht auf Mails, nicht auf Briefe?

Wenn Kinder den Kontakt abgebrochen haben, fühlen sich Eltern aus dem Leben ihrer Kinder ausgegrenzt, als Eltern entlassen. Man spricht von den „verlassenen Eltern". Sie leiden unter der Kündigung ihres Kindes und müssen dennoch irgendwie weiterleben, auch wenn es schwerfällt.

Am Anfang gelingt es den meisten Eltern nicht, zu realisieren, was geschehen ist, weil es für sie unvorstellbar ist, dass ihr Kind es ernst gemeint haben könnte. Deshalb versuchen sie eine Zeitlang immer wieder, Kontakt aufzunehmen.

Wenn aber tatsächlich längere Zeit keine Antwort mehr kommt (außer vielleicht noch ein paar weitere zurückweisende und harte Worte), beginnen Eltern zu begreifen, dass der Rückzug ihres Kindes keine kurzfristige Wutreaktion war.

Dann beginnt die *Suche nach den Motiven*, nach der kleinsten Kleinigkeit, die sie gesagt, getan oder unterlassen haben könnten und die ihre Ausgrenzung durch den Kontaktabbruch ihres Kindes wenigstens irgendwie erklären könnte (s. u. 5.3: „Die Grübelspirale und die Frage nach dem Warum"). Was am Ende bleibt, ist ein schlichtes *„ich verstehe es nicht"*.

Was auch immer die ausgesprochenen oder vermuteten Gründe für eine Ausgrenzung aus dem Leben des Kindes sein mag, „verlassene Eltern" empfinden sie als massive Entwertung. Die unausgesprochene Botschaft ihres Kindes ist deutlich: *„Mein Leben geht euch nichts an."*

„Verlassenen Eltern" bleibt leider nichts anderes übrig, als die Ausgrenzung aus dem Leben ihres Kindes hinzunehmen und damit zu leben. Nicht allen gelingt das. Manche werden unter dieser Situation krank.

„Verlassene Eltern" müssen sich damit abfinden, aus dem Leben ihres Kindes ausgegrenzt zu sein. Bis das allerdings gelingt, werden sie sich noch lange Zeit in einem Gefühlschaos aus wechselnden Gefühlen der Zuneigung, der Trauer, der Hoffnung und der Wut im Kreise zu drehen.

5.2 Trauer – Chaos der Gefühle

Immer mehr realisieren „verlassene Eltern", dass etwas vorbei ist, dass sie nun „alleine" sind und dass ihnen „etwas fehlt". Für sie ist es eine schmerzhafte Kränkung. Sie leiden unter Verlustschmerzen und Trauer. Der Verlust dessen, was lange Zeit der Lebensinhalt war, führt zu einer inneren Leere, einer Gefühlsverunsicherung, zu einem Verlust der Unbefangenheit und kann zur Orientierungslosigkeit führen.

Sigrid, 62:

„Ich war alleinerziehende Mutter und habe für meine Tochter alles getan, damit es ihr gut ging. Das ist inzwischen schon 2 Jahre her. Sie war zu dem Zeitpunkt 38 Jahre alt, als sie mir telefonisch kündigte und sagte: ‚Ich wünsche keinen Kontakt zu dir, denn mir geht es nachher immer schlecht. Ich gestatte dir lediglich den Kontakt zu den Enkelkindern.' Auf meine Frage, wie das denn gehen solle, wenn sie keinen Kontakt zu mir wünsche, gab sie mir zur Antwort, ich könne ja schauspielern.

Ich gebe gern zu, dass es zwischen meiner Tochter und mir nicht immer harmonisch und konfliktfrei war, aber dafür gleich die Kündigung zu bekommen, damit hatte ich nie gerechnet.

Das mit dem Schauspielern klappte nicht wirklich. Ich versuchte es beim Geburtstag meines ältesten Enkels, während meine Tochter kein Wort mit mir sprach und mich ignorierte. Für mich war klar, dass es so nicht gehen konnte. Zwangskontakte dieser Art sind mir nicht möglich, was aber auch dazu führte, dass über die Kündigung meiner Tochter auch die Bindung zu meinen Enkelkindern abgebrochen wurde.

Ich durchlief alle Trauerphasen: Anfangs wollte ich es nicht wahrhaben, dass meine Tochter es ernst meinte. Meine Stimmung schwankte und bewegte sich zwischen Wut, Trauer, Enttäuschung, Depression und Aggression. Allmählich kann ich ihre Entscheidung annehmen und ihr trotzdem in meinem Herzen einen Platz geben. Inzwischen habe ich eine Phase erreicht, in der ich nicht mehr in tiefer Trauer bin und mich nicht

bedauere, denn ich weiß, dass ich die Vergangenheit nicht ändern kann.
Ich versuche, mir meine Fehler zu vergeben und meiner Tochter auch. Ich gebe aber gern zu, dass das Gefühl, aus ihrem Leben entsorgt worden zu sein, an mir nagt. Natürlich bin ich enttäuscht und verletzt, trotzdem wünsche ich meiner Tochter, dass es ihr ohne mich besser gehen möge. Ich bin nicht mehr so wütend und verbittert und schreibe Tagebuch statt Briefe oder Mails. Obwohl mein Leben durch eine ehrenamtliche Tätigkeit wieder einen Sinn bekommen hat und die Lücke, die meine Tochter hinterlässt, dadurch langsam geschlossen werden kann, wird ein für andere unsichtbarer Schmerz in mir bleiben. Die Hoffnung auf Veränderung habe ich aber nicht aufgegeben. Besonders an ihrem Geburtstag und an Weihnachten ist sie in meinen Gedanken besonders präsent und in Tagträumen male ich mir aus, wie es sein würde, wenn sie plötzlich vor der Tür stünde. Die Sehnsucht nach ihr kann ich einfach nicht betäuben.“

Sigrid beschreibt ihr Gefühlschaos nach dem Verlust ihrer Tochter, die den Kontakt zu ihr abbrach. Sie durchlebt das Auf und Ab eines echten Trauerprozesses, schafft es aber, ihren Verlustschmerz mit einer ehrenamtlichen Tätigkeit zu kompensieren, was ihrem Leben wieder einen Sinn gibt.

Ein Kind durch dessen Entscheidung zu verlieren, keinen Kontakt zu seinen Eltern haben zu wollen, ist ein Seelenschmerz, den Betroffene als persönliche Hölle empfinden.

Sie sind im Innersten getroffen, fühlen sich isoliert und irgendwie aus der Welt geworfen, sogar dann, wenn sie Trost und Zuwendung erfahren.

Ist der erste Schock des Verlassenwerdens vorbei, brechen die Gefühle bei „verlassenen Eltern“ auf. Sie werden von wechselnden, widerstreitenden Gefühlen überrollt, haben keine Kontrolle mehr über ihre Emotionen. Wut, Angst aber auch Verzweiflung und die Frage nach der Sinnhaftigkeit des Lebens stellen ihr Bewusstsein auf eine harte Probe.

Manchmal fühlen sie auch ein Gefühl der Ungerechtigkeit, denn andere Menschen dürfen glücklich sein, während dies für sie selbst in Frage gestellt wird.

Das mit Trauer verbundene Gefühlschaos verunsichert. Starke Gefühlsschwankungen, depressive Verstimmung, plötzliche Heulattacken, Lethargie oder Rastlosigkeit verunsichern sie. Sie verstehen sich selbst nicht mehr und werden in der Wechselhaftigkeit ihrer Gefühle auch von anderen, die mit ihnen zu tun haben, nicht mehr verstanden. Das führt bei trauernden Eltern zum Rückzug und bei ihrem Umfeld zur Vermeidung eines Kontaktes. Beides führt zur Vereinsamung.

Aber das Durchleben und Durchleiden des Trauerprozesses kann uns auch stärker machen. Er weckt zum einen eine natürliche Widerstandskraft, die uns hilft, erschütternde Verluste unbeschädigt zu überstehen. Trauer ist ein Transformationsprozess, denn nach einer überstandenen

Trauerphase ist der Mensch ein anderer, wie das nachfolgende Märchen für Erwachsene zeigt.

Das Märchen von der traurigen Traurigkeit[10]

Es war eine kleine alte Frau, die bei der zusammengekauerten Gestalt am Straßenrand stehen blieb. Das heißt, die Gestalt war eher körperlos, erinnerte an eine graue Flanelldecke mit menschlichen Konturen.

„Wer bist du?“ fragte die kleine Frau neugierig und bückte sich ein wenig hinunter. Zwei lichtlose Augen blickten müde auf. *„Ich... ich bin die Traurigkeit“*, flüsterte eine Stimme so leise, dass die kleine Frau Mühe hatte, sie zu verstehen.

„Ach, die Traurigkeit“, rief sie erfreut aus, fast als würde sie eine alte Bekannte begrüßen. *„Kennst du mich denn“*, fragte die Traurigkeit misstrauisch.
„Natürlich kenne ich dich“, antwortete die alte Frau, *„immer wieder einmal hast du mich ein Stück des Weges begleitet.“*

„Ja, aber ...“ argwöhnte die Traurigkeit, *„warum flüchtest du nicht vor mir, hast du denn keine Angst?“ „Oh, warum sollte ich vor dir davonlaufen, meine Liebe? Du weißt doch selber nur zu gut, dass du jeden Flüchtigen einholst und dich so nicht vertreiben lässt. Aber, was ich dich fragen will, du siehst – verzeih diese absurde Feststellung – du siehst so traurig aus?“*

„Ich... ich bin traurig“, antwortete die graue Gestalt mit brüchiger Stimme.
Die kleine alte Frau setzte sich jetzt auch an den Straßenrand. *„So, traurig bist du“*, wiederholte sie und nickte verständnisvoll mit dem Kopf. *„Magst du mir erzählen, warum du so bekümmert bist?“*

Die Traurigkeit seufzte tief auf. Sollte ihr diesmal wirklich jemand zuhören wollen? Wie oft hatte sie vergebens versucht und ...
„Ach, weißt du“, begann sie zögernd und tief verwundert, *„es ist so, dass mich offensichtlich niemand mag. Es ist meine Bestimmung, unter die Menschen zu gehen und eine Zeitlang bei ihnen zu verweilen. Bei dem einen mehr, bei dem anderen weniger. Aber fast alle reagieren so, als wäre ich die Pest. Sie haben so viele Mechanismen für sich entwickelt, meine Anwesenheit zu leugnen.“*
„Da hast du sicher Recht“, warf die alte Frau ein. *„Aber erzähle mir ein wenig davon.“*

Die Traurigkeit fuhr fort: *„Sie haben Sätze erfunden, an deren Schutzschild ich abprallen soll. Sie sagen ‚Papperlapapp – das Leben ist heiter‘, und ihr falsches Lachen macht ihnen Magengeschwüre und Atemnot. Sie sagen ‚Gelobt sei, was hart macht‘, und dann haben sie Herzschmerzen. Sie sagen ‚Man muss sich nur zusammenreißen‘ und spüren das Reißen in den Schultern und im Rücken. Sie sagen ‚weinen ist nur für Schwächlinge‘, und die aufgestauten Tränen sprengen fast ihre Köpfe. Oder aber sie betäuben sich mit Alkohol und Drogen, damit sie mich nicht spüren müssen.“*

„Oh ja“, bestätigte die alte Frau, *„solche Menschen sind mir oft in meinem Leben begegnet. Aber eigentlich willst du ihnen ja mit deiner Anwesenheit helfen, nicht wahr?“*

Die Traurigkeit kroch noch ein wenig mehr in sich zusammen. *„Ja, das will ich“*, sagte sie schlicht, *„aber helfen kann ich nur, wenn die Menschen mich zulassen. Weißt du, indem ich versuche, ihnen ein Stück Raum zu schaffen zwischen sich und der Welt, eine Spanne Zeit, um sich selbst zu begegnen, will ich ihnen ein Nest bauen, in das sie sich fallen lassen können, um ihre Wunden zu pflegen. Wer traurig ist, ist ganz dünnhäutig und damit nahe bei sich.*
Diese Begegnung kann sehr schmerzvoll sein, weil manches Leid durch die Erinnerung wieder aufbricht wie eine schlecht verheilte Wunde. Aber nur, wer den Schmerz zulässt, wer erlebtes Leid betrauern kann, wer das Kind in sich aufspürt und all die verschluckten Tränen leer weinen lässt, wer sich Mitleid für die inneren Verletzungen zugesteht, der, verstehst du, nur der hat die Chance, dass seine Wunden wirklich heilen. Stattdessen schminken sie sich ein grelles Lachen über die groben Narben. Oder verhärten sich mit einem Panzer aus Bitterkeit.“

Jetzt schwieg die Traurigkeit, und ihr Weinen war tief und verzweifelt.
Die kleine alte Frau nahm die zusammengekauerte Gestalt tröstend in den Arm. *„Wie weich und sanft sie sich anfühlt“*, dachte sie und streichelte zärtlich das zitternde Bündel. *„Weine nur, Traurigkeit“*, flüsterte sie liebevoll, *„ruh dich aus, damit du wieder Kraft sammeln kannst. Ich weiß, dass dich viele Menschen ablehnen und verleugnen. Aber ich weiß*

auch, dass schon einige bereit sind für dich. Und glaube mir, es werden immer mehr, die begreifen, dass du ihnen Befreiung ermöglichst aus ihren inneren Gefängnissen. Von nun an werde ich dich begleiten, damit die Mutlosigkeit keine Macht gewinnt."

Die Traurigkeit hatte aufgehört zu weinen. Sie richtete sich auf und betrachtete verwundert ihre Gefährtin. *„Aber jetzt sage mir, wer bist du eigentlich?"*
„Ich", antwortete die kleine alte Frau und lächelte still. *„Ich bin die Hoffnung!"*

5.3 Die Grübelspirale und die Frage nach dem Warum

Aus Beratungen und Seminaren weiß ich, dass die meisten „verlassenen Eltern" darunter leiden, nicht zu wissen, *warum* ihr Kind den Kontakt abgebrochen hat. Das Schlimmste ist für sie dann die zehrende Ungewissheit, das ständige Grübeln und Hinterfragen, was in der Vergangenheit schiefgelaufen ist, die Leere der Gegenwart und die Aussichtlosigkeit auf einen familiären Kontakt in der Zukunft.

Sehr oft betroffen sind alleinerziehende „verlassene Mütter", denn sie haben und hatten immer das Gefühl, dass sie und ihre Kinder nichts und niemand jemals auseinanderbringen könnte. Als Schicksalsgemeinschaft meisterten sie gemeinsam schwierigste Zeiten, mussten mit limitierten finanziellen Mitteln zurechtkommen, bewältigten ganz nebenbei noch den Job, den Haushalt, die Erziehung und gegebenenfalls sogar schulische Probleme. Endlich sind die Kinder erwachsen und plötzlich wollen sie mit der eigenen Mutter nichts mehr zu tun haben.

Kein Wunder also, dass gerade betroffene, alleinerziehende Mütter berichten, dass sie sich aufs Abstellgleis geschoben fühlen. Wenn sie Glück hatten, haben sie noch einen Brief bekommen, in dem der Kontakt als beendet erklärt wurde. Im schlimmsten Fall allerdings ohne das erklärende Warum.

Der Wunsch „verlassener Eltern“, von ihren Kindern Gründe für ihre Entscheidungen zu erfahren, ist groß, bleibt aber meist unerfüllt. Das führt dazu, dass „verlassene Eltern“ versuchen, selbst eine Antwort zu finden und sie fragen sich z. B.:

Habe ich mein Kind zu sehr geliebt?
Ihm zu viel durchgehen lassen?
Habe ich mich zu sehr eingemischt?
Waren mir zu viele Dinge egal?

Für die Eltern bleibt die Suche nach dem Grund des Kontaktabbruchs ihres Kindes ein ewiger Begleiter. Und doch sind sie mit ihrem schweren Schicksal oft allein, denn in der Öffentlichkeit, mit Bekannten und Freunden möchten viele Eltern nicht über ihr Problem sprechen. Zu groß ist die Angst, verurteilt zu werden, zu wahrscheinlich ist es, dass jemand falsche Schlüsse zieht und etwas sagt wie: *„Da können doch nur die Eltern etwas falsch gemacht haben."*

Weihnachten ist eine besonders schlimme Zeit, wenn andere Familien zusammen mit den Kindern und Enkeln fröhlich feiern. Dann kommen die Erinnerungen hoch, die düsteren Gedanken, die quälenden Grübelattacken.

Birgit, 65:

> *„Wir waren einst eine glückliche Familie und hatten viel Freude an unserer einzigen Tochter Jana. Es war alles so harmonisch, ohne Probleme. Nach dem Abitur zog Jana aus, um in einer anderen Stadt zu studieren. Mein Mann und ich halfen ihr, eine kleine Wohnung zu finden und sie nett einzurichten. Anfangs kam Jana noch oft nach Hause. Doch dann veränderte sie sich, als sie ihren Freund kennenlernte.*
> *Er war mir von Anfang an unsympathisch. Was meinen Mann und mich am meisten entsetzte, war der aggressive Ton, den Jana plötzlich uns gegenüber anschlug, wenn wir mal was sagten. So hatten wir unsere Tochter nicht erzogen. Im Oktober 2015 kam es zum Eklat, als ich es wagte, während eines Telefonates Janas verändertes Verhalten anzusprechen. Sie rastete aus und war gar nicht mehr zu beruhigen: ‚Eure Spießbürgerlichkeit kotzt mich an', schrie sie ins Telefon. ‚Lasst mich einfach in Ruhe und mischt Euch nicht in mein Leben ein.' Sie beendet abrupt das Telefongespräch, und seither herrscht Funkstille.*

Ich war wie gelähmt. Der Vorwurf meiner Tochter hat mich tief verletzt. Wir haben als Eltern doch alles für sie getan, ihr unsere ganze Liebe gegeben.
Anfangs hoffte ich, dass sich alles wieder einrenken würde. Doch als ich nach Wochen versuchte, meine Tochter anzurufen, wurde ich einfach weggeklickt – immer und immer wieder. Briefe kamen ungeöffnet zurück. Irgendwann hatten sie den Vermerk ‚unbekannt verzogen'. Die quälende Frage nach dem Warum blieb. Was habe ich falsch gemacht? Warum verweigert meine Tochter jedes Gespräch? Warum nur? Diese Fragen quälten mich lange Jahre, ohne darauf eine Antwort zu finden. Das Grübeln machte mich krank, ich verfiel in eine Depression. Nach wie vor kreisen meine Gedanken immer wieder um meine Tochter. Alles in dem Haus erinnert an sie. Ich weiß nicht, wo und wie Jana lebt, wie es ihr geht, ob sie Kinder hat."

In die nicht enden wollenden Fragen nach dem Warum mischen sich immer wieder Selbstzweifel, Gefühle von Schuld und Scham, sowie die bittere Erkenntnis, isoliert zu sein.

5.4 Selbstzweifel, Schuldgefühle, Scham und Isolation

Anja, 53:

„Ich denke täglich an meine Tochter, die sich seit vielen Jahren nicht mehr bei mir meldet. In einer Selbsthil-

fegruppe habe ich erfahren, dass es viele Eltern gibt, deren Kinder den Kontakt zu ihren Eltern abgebrochen haben. Im normalen Alltag begegnet man ‚verlassenen Eltern' kaum, weil sie den Kontaktabbruch ihrer Kinder verschweigen, aus Scham, versagt zu haben. Daneben ist der Kontaktabbruch der Kinder ein gesellschaftliches Tabu, das stigmatisiert. Lange war ich verzweifelt, wütend, tief gekränkt und habe mich nach außen abgekapselt und isoliert, damit andere meinen Schmerz nicht merken. Innerlich war ich stets auf der Suche nach Ursache und Schuld und fragte mich, ‚was habe ich falsch gemacht, warum tut mein Kind mir das an?' Eine Antwort erhielt ich bis heute nicht. Hilfreich ist die Selbsthilfegruppe für mich deshalb, weil ich mich in meinem Leid von denen verstanden fühle, die gleiches erlebt haben. Ich muss nichts erklären."

In einer Selbsthilfegruppe findet Anja Verständnis und kann sich ohne Scham entlasten, weil alle das gleiche Schicksal miteinander verbindet. Man fühlt sich durch den Schmerz miteinander verbunden und muss sich nicht ständig erklären. Jemandem die eigene Situation erklären zu wollen, klappt nie, denn einem Blinden kann man keine Farbe erklären. Manchmal ist aber auch professionelle Unterstützung erforderlich, wie das nächste Beispiel zeigt.

Angela, 61:

„Auch ich bin eine „verlassene Mutter". Meine Tochter kündigte mir mit wenigen Zeilen. Eine Erklärung lieferte sie nicht. Zuerst war ich hilflos, wie gelähmt, dann voller Zorn, vor allem gegen mich selbst. Aus Scham

zog ich mich aus dem Freundes- und Bekanntenkreis zurück. Auf die erste destruktive Phase, in der ich in Scham- und Schuldgefühlen versank und in Selbstmitleid badete, begann ich eine Gesprächstherapie, um mich mit Hilfe professioneller Unterstützung von einem gesellschaftlichen Tabu zu befreien und mich gegen Rundumschläge von außen, an allem schuld zu sein, wenn im Verhältnis zu den Kindern etwas schiefläuft, zu wehren. Ich begann, Tagebuch zu schreiben und schloss mich einer Selbsthilfegruppe an, um wieder unter Menschen zu kommen."

Für Eltern, die verlassen werden, ist es, als ob ihnen der Boden unter den Füßen weggezogen würde. Den meisten Eltern ist zudem durch ihre Erziehung ein ausgeprägtes Schuldbewusstsein anerzogen worden. Sie fühlen sich für alles verantwortlich. Deshalb fühlen sie sich auch schuldig an dem Kontaktabbruch ihres Kindes und leiden unter *Schuldgefühlen* und *Selbstvorwürfen:* Ich habe alles falsch gemacht.
Wenn sich ein erwachsenes Kind von seinen Eltern abwendet und den Kontakt verweigert, fühlen diese sich wie Aussätzige. Die meisten empfinden den Kontaktabbruch ihrer Kinder als traumatische Erfahrung, weil es eine Verlusterfahrung ist und zudem in der Öffentlichkeit ein Tabu und insofern scham- und schuldbehaftet.

Ich habe viele „verlassene Eltern" kennengelernt, die sich deshalb zunächst in ihr schützendes Schneckenhaus verkrochen haben, irgendwann aber gemerkt haben, dass das auf Dauer in die Vereinsamungsfalle führt. Viele von ihnen haben irgendwann den Weg aus ihrer Isolation und Einsamkeit herausgefunden, um in Selbsthilfegruppen ebenfalls Betroffener Rat und Austausch zu suchen, denn Kontaktabbruch ist ein Thema, über das man nicht spricht.

Christiane, 56:

„Mir wurde irgendwann mal zugetragen, wie andere über mich als ‚verlassene Mutter' den Stab brachen … ‚na ja, man weiß ja nicht, was die ihrer Tochter angetan hat. Ohne Grund passiert so etwas doch nicht.' Dieser ungerechte Vorwurf von außen traf mich zusätzlich, denn diejenigen, die sich ein Urteil über mich bildeten, hatten keine Ahnung, maßten sich aber trotzdem an, über mich zu urteilen. Ich bin viel zu früh Mutter geworden, habe in dichter Geburtenfolge zwei Kinder bekommen. Das zweite Kind starb mit 7 Monaten am ‚plötzlichen Kindstod'. Diesen Verlust haben mein Mann und ich nie verkraftet. Er führte zum Scheitern unserer Ehe und zur Überbehütung und Verwöhnung der Tochter, die mir geblieben war. Mein gluckenhaftes Verhalten hat mir meine Tochter eines Tages vorgeworfen. Ich hätte sie dadurch in ihrer eigenen Entwicklung behindert. Sie müsse sich von mir befreien, um ihr Leben leben zu können.

Ich konnte das nicht nachvollziehen, denn nach meiner Wahrnehmung hatten wir eine harmonische Mutter-Kind-Beziehung. Lange Zeit war ich wie gelähmt. Der Vorwurf meiner Tochter hat mich tief verletzt, weil ich alles für sie getan und ihr meine ganze Liebe gegeben habe. Ich wurde schwer krank, entwickelte Bronchialasthma, durch den sich wahrscheinlich mein seelischer

Schmerz ausdrückte. Ich habe lange gebraucht, um den Schritt meiner Tochter zu akzeptieren und Trauerarbeit geleistet, um mein Schicksal annehmen und mit ihm weiter leben zu können. Irgendwann hatte ich genug von dieser ständigen emotionalen Zwickmühle aus Selbstvorwürfen, Schuld und Scham und gründete eine Selbsthilfegruppe."

Christiane leidet nicht nur unter dem Kontaktabbruch ihrer Tochter, sondern fast noch mehr unter den ungerechten Vorwürfen ihres Umfeldes. Das Beispiel zeigt aber auch, wie sie sich aus Selbstvorwürfen, Schuld und Scham befreit, indem sie kreativ und initiativ wird und eine Selbsthilfegruppe gründet.

Eltern sind keine Heilige, sie begingen aus Unwissenheit oder Unvollkommenheit Fehler, leisteten gleichzeitig aber auch Großartiges. Sie gaben ihr Bestes, wenn es sich später für die Kinder auch nicht immer als das Beste herausstellte. Das sollten sich Eltern, die von Selbstzweifeln und Schuldgefühlen geplagt werden, stets vor Augen führen.

„Verlassene Eltern" müssen – trotz des erlittenen Verlustschmerzes lernen – Selbstvorwürfe, Schuldgefühle und Scham zu überwinden, um sich aus der dadurch bedingten Isolation und Einsamkeit zu befreien (s. u. 7.5: Neuorientierung ...)

5.5 Der doppelte Verlust verlassener Eltern und verstoßener Großeltern

Wenn Kinder sich von ihren Eltern abwenden, jeglichen Kontakt verweigern und ihnen zusätzlich ihre eigenen Kinder vorenthalten, führt das für „verlassene Eltern" zu einem doppelten Verlust, indem sie in ihrer Funktion als Großeltern auch noch ihre Enkelkinder verlieren.
In vielen meiner Seminare begegne ich vor allem „verlassenen Müttern", die unter dem doppelten Verlust leiden, verlassen worden zu sein und die Enkelkinder verloren zu haben.

Susanne, 62:

„Mein Mann und ich hatten zu Dirk, unserem Sohn, ein inniges, vertrauensvolles Verhältnis bis zu dem Zeitpunkt, als er heiratete. Seitdem ist er total verändert, verschlossen, ja manchmal kommt er uns sogar feindselig vor. Dabei wissen wir gar nicht, wodurch diese Wandlung eingetreten ist. Wir haben auch schon den Versuch gemacht, mit ihm zu sprechen, leider ohne Erfolg. Er ist derzeit nicht gesprächsbereit und wir sind traurig und ratlos.
Trotz des Kontaktabbruchs unseres Sohnes bemühen wir uns unvermindert um eine Verbesserung der Beziehungen, allein schon wegen unserer Enkelkinder. Mich erschüttert es, ansehen zu müssen, wie unsere Enkelkinder emotional missbraucht und als Kampfmittel eingesetzt werden.
Aber was sollen wir machen, wer die Kinder hat, sitzt nun mal am längeren Hebel. Trotz dieser belastenden

Situation werde ich immer wieder Annäherungsversuche starten, auch wenn ich damit wiederholte Zurückweisungen riskiere, weil ich weiß, dass wir nur dann langfristig eine Chance haben, wenn wir dranbleiben. Auch in unserem Bekanntenkreis gibt es ähnliche Fälle, die für mich aber kein Trost sind. Inzwischen habe ich mich einer Selbsthilfegruppe ‚verlassene Eltern, verstoßene Großeltern' angeschlossen, in der sich betroffene Eltern aussprechen, trösten und unterstützen können. Für mich ist es eine Chance, meine Enttäuschung, Trauer und Wut auszudrücken und von denen, denen es ebenso ergeht, wie mir, verstanden zu werden."

Das Schlimme am Kontaktabbruch ist, dass Kinder, die zu diesem Mittel greifen, ja nicht nur ihre eigenen Wurzeln kappen, sondern auch die ihrer Kinder und ihnen die Liebe ihrer Großeltern vorenthalten.

Juliane, 58:

„Wenn man keinen Kontakt zu seinen Enkelkindern hat, ist das ein Riesenloch im Leben und es ist unmöglich, den erlittenen Verlust zu verdrängen. Es ist gar nicht so selten, dass Enkelkinder in Sippenhaft genommen und zu Waffen funktionalisiert werden. Dabei geschieht ihnen durch Entzug und Entfremdung auch Unrecht. Sie werden um die Liebe ihrer Großeltern betrogen und damit auch zu Opfern."

Wer den Kontakt zu seinen Eltern abbricht, entscheidet damit auch über das Schicksal seiner Kinder, denen die

Liebe der Großeltern vorenthalten, bzw. entzogen wird. Am Konflikt unbeteiligte Kinder in Sippenhaft zu nehmen, ist zwar die stärkste Waffe in der Auseinandersetzung mit den Eltern, letztlich aber seelischer Missbrauch, der sich eines Tages rächen wird.

Obwohl auch Söhne sich völlig zurückziehen und den Kontakt zu ihren Eltern abbrechen, sind es häufiger die Töchter, die auf diese Weise vor den Mutter-Tochter-Konflikten zu flüchten versuchen. Im folgenden Beispiel schildert eine Mutter, wie schwer das Leid durch den doppelten Verlust wird, indem durch den Kontaktabbruch des Kindes auch noch die Enkelkinder vorenthalten werden. Dieser Fall zeigt deutlich den unsichtbaren Schmerz und die krankmachende Wirkung einer destruktiven Beziehung, aus der sich die Mutter nicht befreien kann.

Ingeborg, 64:

> *„Seit 4 Jahren ist meine Tochter für mich nicht mehr erreichbar. Ich kenne meine 2 Enkel nicht und die kennen mich, ihre Oma, auch nicht. Eigentlich begann alles, als meine Tochter die Familie ihres Mannes kennenlernte. Seitdem war unsere Familie abgeschrieben.*
> *Im Laufe der Jahre kamen 2 Enkel zur Welt, wobei ich nur den Ältesten einmal kurz nach der Geburt sehen durfte. Über Jahre habe ich immer wieder auf alle erdenkliche Weise vergeblich versucht, den Kontakt langsam wiederherzustellen, leider ohne Erfolg.*
> *Die Jahre des Kontaktabbruchs mit großen seelischen Schmerzen brachten für mich eine Aneinanderreihung von Krankheiten und Therapien. Chronische Krank-*

heiten zeigten körperlich den chronischen Schmerz und die depressive Stimmung. In all den Jahren nahm meine Tochter mit ihrer Familie wie ein Schatten viel mehr Raum im Reden, Denken und Fühlen ein als die Menschen, mit denen ich täglich zusammenlebte.

Nach Jahren musste ich erkennen, dass ich mich von meiner Tochter und den Enkeln gewissermaßen verabschieden und akzeptieren musste, dass sie sich zu einem Menschen mit einer völlig anderen Wahrnehmung verändert hatte. Ich erkannte, dass ich keinerlei Chancen hatte und haben werde.

Ich habe mich einer Selbsthilfegruppe angeschlossen und dadurch die Solidarität anderer betroffener ‚verlassener Eltern' und ‚verstoßener Großeltern' kennengelernt. Das hat mir sehr geholfen. Inzwischen habe ich gelernt, mit dem Verlust zu leben. Ich will keine Erwartungen mehr haben, aber auch nicht in Resignation und Hoffnungslosigkeit versinken. Jeder muss seinen Weg gehen, alles versuchen, was möglich ist, dann aber auch das tun, was nötig ist, um sich selbst zu schützen."

Immer mehr Partnerschaften scheitern und immer mehr Kinder verlieren einen Teil ihres gewohnten Lebens, da sie mit dem getrenntlebenden Elternteil – meist ist es der Vater – nicht mehr regelmäßig zusammenleben können. Darüber hinaus verlieren sie auch einen Teil ihrer Familie, die Eltern des getrenntlebenden Elternteils (Großeltern), denen der Kontakt zu ihnen untersagt wird.

Das ist für Kinder und deren Großeltern, von denen sie unfreiwillig „geschieden" werden, ein großer Verlustschmerz, denn es werden Bindungen zerstört.

Doris, 67:

„Ich denke täglich an meinen inzwischen 12-jährigen Enkel, zu dem ich von Geburt an eine innige Beziehung hatte und mit dem ich früher viel unternommen habe. Einmal in der Woche war ‚Oma-Tag'. Dann holte ich Felix von der Kita ab und wir verbrachten den Rest des Tages gemeinsam, besuchten alle Spielplätze oder gingen im Sommer schwimmen. Diese Zeit vermisse ich und befürchte darüber hinaus, dass Felix erzählt wird, ich wolle mit ihm nichts mehr zu tun haben. Seit der Ehescheidung hat meine Schwiegertochter den Kontakt abgebrochen, wechselte Telefonnummern und Adressen. Ihn wenigstens einmal zu sehen, wäre mein größter Wunsch."

Ehescheidungen und der Streit der Eltern um das Sorgerecht beeinträchtigten oft auch den Kontakt zu den Großeltern. Zwar könnten die Großeltern ein Umgangsrecht juristisch einfordern, sie haben aber vor Gericht längst nicht die gleichen Chancen wie Eltern. Viele Großeltern kämpfen auf verlorenem Posten. Manche haben zwar durchgesetzt, dass sie ihre Enkelkinder einmal im Monat unter Aufsicht sehen dürfen, oft wird das aber unter fadenscheinigen Argumenten boykottiert.
Je nach Alter des Kindes ist auch kein unbefangener Umgang mehr möglich, weil Kinder in einen Loyalitätskonflikt zwischen ihren Eltern und ihren Großeltern geraten.

Oft wollen Kinder ihre Großeltern auch nicht treffen, aus Angst, ihren sorgeberechtigten Elternteil, von dem sie abhängig sind, zu verletzen. Großeltern sollten daher zuvor überlegen, was sie mit ihrer gerichtlichen Intervention bewirken und ob es ihnen klar ist, dass sie durch ihren zwar berechtigten Wunsch nach Kontakt zu ihren Enkelkindern diese in einen Loyalitätskonflikt treiben und ihr Leid damit vergrößern.
Leider ist es oft so, dass in Scheidungsauseinandersetzungen nach einer Trennung Kinder leider sehr häufig als Waffe eingesetzt und damit emotional missbraucht werden. Diese Erfahrung ist sowohl für betroffene Kinder wie auch für Großeltern, sehr schmerzlich.
Es stellt sich nun die Frage, was man „verlassenen Eltern" und „verstoßenen Großeltern" raten kann, wie sie mit ihrer Ohnmacht und ihrem Leid umgehen könnten. Der am häufigsten zu hörende Rat: *„Ihr müsst loslassen!"* ist für die wenigsten Betroffenen hilfreich. Eine Versöhnung über Gespräche anzustreben, ist in dieser Phase auch eher unwahrscheinlich, denn es ist ja gerade das Kennzeichen eines Kontaktabbruchs, dass sämtliche Kontakte von den erwachsenen Kindern abgelehnt und verhindert werden. Es bleibt damit für betroffene „verlassene Eltern" und „verstoßene Großeltern" nur, die augenblickliche Situation und das damit verbundene Leid auszuhalten und zu ertragen, weil sie es nicht einseitig beeinflussen oder ändern können.

Um damit besser zurechtzukommen, ist eine Unterstützung z. B. durch eine Selbsthilfegruppe (www.verlassene-eltern.de oder www.shg-verstossene-grosseltern.de) hilfreich.

Schließlich bleibt, insbesondere, wenn sich Krankheitssymptome einstellen, der Weg zu einem Therapeuten.

Hilfreich kann für „verlassene Eltern“ und „verstoßene Großeltern“ folgendes sein:

* Fehlersuche ist müßig. Wichtig ist, anzuerkennen, dass etwas schiefgelaufen ist. Diese Erkenntnis könnte die Basis für einen Neustart sein. Behutsam und in sehr kleinen Schritten, ohne Erwartung, Vorwürfen und Verteidigungsreflexen, am besten an einem neutralen Ort, so dass sich zwei erwachsene Menschen angstfrei begegnen und sich neu entdecken können.

* Freuen Sie sich, wenn Ihre Kinder glücklich sind, selbst dann, wenn Sie die Kontaktsperre als schweren Verlust empfinden. Äußern Sie nie Erwartungen und machen Sie Ihren Kindern vor allem keine Vorwürfe, sie seien undankbar. Versuchen Sie, Ihren Kindern die Freiheit zu geben, ihre „Wahlverwandtschaften“ in ihren Freunden zu sehen.

* Versuchen Sie stets, offen zu bleiben für Entwicklungen und Interesse zu zeigen. Vertrauen Sie darauf, dass Sie Ihr Kind nie wirklich verlieren werden! Vertrauen Sie darauf, dass das, was Sie in ihm grundgelegt haben, Basis für deren Leben sein wird und manches momentan verschüttet ist, irgendwann aber wieder zum Vorschein kommen wird. Distanz, so schwer sie auszuhalten ist, kann heilsam sein und am Ende zu intensiver Nähe führen. Lernen Sie

abzuwarten, zu vertrauen und entwickeln Sie Zuversicht, statt zu verbittern.

* Verbieten Sie sich überraschende Anrufe oder Besuche, die als Überfallkommando empfunden werden und den Konflikt oft verschärfen. Stattdessen könnten Sie sich dezent an Feiertagen wie Ostern oder Weihnachten in Erinnerung bringen, indem Sie Briefe schreiben oder Geschenke schicken. Auch wenn Sie darauf keine Resonanz erhalten, ist dies oft ein erster Schritt, ihr Wohlwollen zu zeigen.

* Geben Sie die Hoffnung nie auf, denn Menschen und Gefühle verändern sich. Vielleicht äußern Ihre Enkelkinder eines Tages den Wunsch, ihre Großeltern kennenzulernen oder wiederzusehen. Geben Sie auch Ihren Enkelkindern immer wieder ein Zeichen, dass Sie an sie denken (Karten aus dem Urlaub, kleine Geschenke zu besonderen Anlässen: Geburtstag, Weihnachten, Erstkommunion, Konfirmation).

* Freuen Sie sich über ihre Erfolge, aber halten Sie Abstand nach dem Grundsatz: *„Schauen, Schenken, Schweigen"*. Damit schaffen Sie die beste Voraussetzung dafür, dass Ihre Zurückhaltung eines Tages Wertschätzung erfährt.

5.6 Was kränkt, macht krank

Viele Eltern, die von ihren Kindern keine Erklärung dafür bekommen, warum diese den Kontakt zu ihnen abgebrochen haben, fühlen sich gekränkt, geraten zunächst in die Grübelspirale und – weil das zu keinem Erkenntnisgewinn verhilft – oft in Depressionen. Manche „verlassene Eltern" erkranken auch psychosomatisch. Von psychosomatischen Erkrankungen redet man, wenn sich seelische Leiden in körperlichen Erkrankungen auswirken.

Gisela, 65, wurde krank, nachdem ihr 33-jähriger Sohn von heute auf morgen den Kontakt zu ihr abgebrochen hat.

> *„Nach dem Kontaktabbruch meines Sohnes fühlte ich mich entsorgt. Der Verlust meines Sohnes ging mir förmlich unter die Haut und machte mich krank. Nach Jahren muss ich wohl erkennen und akzeptieren, dass mein Sohn sich gegen mich entschieden hat. Ich weiß immer noch nicht, wie man es schafft, mit dem Herzen loszulassen, um ein eigenes Leben mit Lebensfreude und Lebensqualität leben zu können. Als hilfreich empfinde ich es, Tagebuch zu schreiben, um meinen Verlust zu verarbeiten. In der Selbsthilfegruppe ‚verlassene Eltern' habe ich erkannt, dass ich mit meinem Schicksal nicht allein bin und die Solidarität anderer Betroffener kennengelernt. Auch das hat mir sehr geholfen. Meine Lebenswunde wird es immer bleiben, mit der Zeit wird sie vernarben. Inzwischen lerne ich, mit dem Verlust zu leben wie mit einer körperlichen und seelischen Behinderung oder wie mit einem Phantomschmerz."*

Gisela hat durch den Kontaktabbruch ihres Sohnes zwar eine schmerzhafte Lebenswunde zurückbehalten, aber über den Kontakt mit ebenfalls „verlassenen Eltern" Möglichkeiten gefunden, wie sie mit ihrem Schicksal umgehen kann, ohne in Sack und Asche gehen zu müssen.

Annemarie, 56:

> *„Als mein Sohn den Kontakt zu mit abbrach, erkrankte ich an einer sehr schmerzhaften Gürtelrose. Ich fühlte mich wie amputiert. Es dauerte Jahre, bis ich es akzeptieren konnte, dass mein Sohn keinen Kontakt mehr zu mir wünscht. Irgendwann, nach Jahren, überwog die Vernunft, den Abbruch zu akzeptieren, weil ich nicht mehr kriechen wollte. Irgendwann konnte ich sogar den totalen Abbruch annehmen, weil ich meine Ohnmacht in dieser Beziehung erkannte. Nicht darüber sprechen zu können, war für mich das Schlimmste. Überall nur Vorurteile, Vorverurteilungen, schnelle Antworten."*

Annemarie bekommt keine Antwort auf den Kontaktabbruch ihres Sohnes und muss sich demzufolge mit der Situation abfinden. Sie leidet körperlich und seelisch unter dem erlittenen Verlust, den sie aber mit einer bewunderungswürdigen Haltung annimmt und erträgt. Trotzdem reagiert ihr Körper mit einer schweren Erkrankung auf die erlittene seelische Erschütterung.
Schon Hildegard von Bingen wusste bereits im frühen Mittelalter: *„Was kränkt, macht krank."* Wie nachhaltig ungesund Kränkungen sind, zeigen Forschungsergebnisse der US-amerikanischen Stanford-Universität.[11]

Verletzt zu sein, macht Seele und Körper krank. Diejenigen, die sich mit Selbstvorwürfen plagen und mit dem, was ist, hadern, schädigen ihre Gesundheit, denn Hadern ist Gift und der Nährboden für Krankheit.

6. Voraussetzungen für einen Neuanfang

6.1 Akzeptanz der Realität

Der Kontaktabbruch und die Trennung der Kinder von ihren Eltern ist für die Betroffenen oft ein langer, schmerzhafter Prozess, der von Trauer begleitet wird. Um aus dem Tal der Tränen heraus zu kommen und die Seele zu heilen, ist es notwendig, die Situation zu akzeptieren.
Akzeptanz bedeutet, etwas als gegeben anzunehmen und nicht mehr dagegen anzukämpfen. Bevor das möglich ist, muss der Trauerprozess abgeschlossen sein.
Selbsthilfegruppen können eine hilfreiche Unterstützung sein, die Situation zu akzeptieren. Die Gemeinsamkeit des gleichen Leidens, Verständnis und Mitgefühl können Betroffene in ihrer Trauer auffangen und unterstützen. Die Gruppe kann Stärke geben und dazu beitragen, das Leben mit neuen Inhalten zu füllen.
Erst dann, wenn man bereit ist, loszulassen, d.h. zu realisieren, dass es nie wieder so werden wird, wie es einmal war, begreifen „verlassene Eltern“, dass sie sich allein mit einem Neuanfang beschäftigen und sich dafür öffnen müssen.

In einem Seminar zum Thema „Späte Versöhnung“ berichtete eine Tochter, die den Kontakt zu ihren Eltern abgebrochen hat:

„Ich bin 42 Jahre alt, habe selbst 2 Kinder und bin eine Tochter, die ihre Eltern verlassen hat. Es war ein unverzichtbarer Schritt für mich. Mir ist bewusst, in welch tiefe Krise ich meine Eltern damit gestürzt habe, deswegen habe ich diesen Schritt auch hinausgezögert, bis es fast zu spät für mich war. Aber weil es so war, habe ich damit begonnen, mich für die andere Seite, für ‚verlassene Eltern' zu interessieren und betätige mich darin, ‚verlassenen Eltern' Verständnisbrücken aufzubauen.
Obwohl die meisten Eltern, die Vorgeschichte, die zum Kontaktabbruch geführt hat, nicht bemerkt haben, gibt es sie. Kinder brechen nicht leichtfertig den Kontakt zu ihren Eltern ab. Meist haben sie schon lange Zeit vor dieser Entscheidung gelitten. Der Kontaktabbruch war für sie meist die allerletzte Chance, sich für ein eigenes Leben zu entscheiden!
So schwer es ‚verlassenen Eltern' auch fallen mag, sie sollten die Entscheidung ihres Kindes als gegeben annehmen. Es bringt nichts, immer wieder zu versuchen, einen Kontakt herzustellen, so verständlich der Wunsch danach ist. Akzeptieren Sie die Entscheidung Ihres Kindes und bringen Sie es nicht in Bedrängnis. Lassen Sie ihm den Abstand, den es einfordert und braucht. Er ist – auf welche Weise auch immer – berechtigt. Begeben Sie sich stattdessen auf ihren eigenen Weg."

Einfühlsame Therapeuten können „verlassenen Eltern" beim Verstehen des Rückzugs ihrer Kinder und zur Akzeptanz der Entscheidung verhelfen. Eltern lernen mit Hilfe therapeutischer Unterstützung, die Perspektive zu wech-

seln und zu begreifen, dass sich Kinder häufig nicht von ihren Eltern trennen, weil diese ihnen fremd geworden sind, sondern eher, weil sie ihnen zu nahe sind.
Sie lernen, dass sie als Verlassene nicht Opfer, sondern am Kontaktabbruch Beteiligte sind. Sie lernen zu akzeptieren, dass Kinder kein Lebensinhalt sein können, sondern nur eine „Leihgabe auf Zeit" sind.
Therapeutische Begleitung und Unterstützung führt „verlassene Eltern" zu der Erkenntnis, dass beide, Eltern und Kinder „ihr Leben" führen, sich gegenseitig Raum dafür lassen müssen, dass sie dann aber jederzeit wieder eine angemessene Nähe suchen können. In gegenseitigem Respekt und gegenseitiger Fairness kann es irgendwann ein gesundes Einpendeln zwischen Loslassen und Wiederfinden geben.

6.2 Die Neubewertung der Vergangenheit

Es gibt Eltern-Kind-Beziehungen, die so zerrüttet sind, dass sie zunächst zur Entfremdung, dann zum Kontaktabbruch führen.
Wenn kein Neuanfang möglich ist, kann es der eigenen Seele trotzdem helfen, den Hintergrund des Kontaktabbruchs zu erhellen.
Viele Eltern scheitern bei diesem Bemühen, geraten in eine Grübelspirale, in der sie sich immer wieder die gleichen unbeantworteten Fragen stellen (s. o. 5.3: „Die Grübelspirale und die Frage nach dem Warum").

Im optimalen Falle kann dagegen ein Kontaktabbruch zur *Besinnung* führen und zeigen, dass die Beziehung eine Schieflage hatte, keine gleiche Ebene oder schlimmstenfalls keine richtige Basis. So kann ein Kontaktabbruch auch dazu verhelfen, dass sich durch die erzwungene Distanz beide Seiten der Probleme bewusstwerden, die schon zuvor die Beziehung belastet haben.

„Verlassene Eltern" werden gezwungen, über die Art und Qualität der Beziehung nachzudenken und über Verbindendes und Trennendes. Sie werden gezwungen, Bilanz zu ziehen, die Perspektive zu wechseln, um den oder die Gründe für den Kontaktabbruch zu erkennen (s. o. 3.: „Gründe für den Rückzug der Kinder") und unter gedanklicher Einbeziehung der anderen Seite die Geschehnisse in der „relevanten Vergangenheit" neu zu bewerten. Dabei handelt es sich um die Zeitspanne, ab der das Kind seine Gefühle erkennen und beurteilen kann bis hin zum vollzogenen Kontaktabbruch.

Umso notwendiger ist eine solche Analyse und Neubewertung der Vergangenheit, wenn das Kind signalisiert, dass es für einen Neuanfang grundsätzlich bereit wäre (s. o. Beispiele: Anita, 61, Bernd, 75, Sigrid, 62, Birgit, 65, Ingeborg, 64. Die Beispiele zeigen auch, dass es leider nicht zu einer Wiederannährung kommt).

Damit es weitergehen kann, ist es nötig, die Beziehung neu auszurichten, miteinander zu reden und Vergangenes auf Augenhöhe zu klären. Die Notwendigkeit einer Neubewertung der Vergangenheit gilt aber nicht nur für Eltern, sondern auch für Kinder. Nur so kann ein Verständnis füreinander erreicht werden.

Viele *Kinder* trauern darum, dass sie bei ihren Eltern nicht die Gefühlswelt vorgefunden haben, die sie sich gewünscht hätten. Wenn solche betroffenen Kinder in der analytischen Therapie „nachreifen“ konnten, wächst bei ihnen evtl. die Einsicht, dass ihre Eltern nicht schlecht waren, weil sie unfähig waren, ihnen nicht das ausreichend geben zu können, was sie glauben, gebraucht zu haben und dass ihre Eltern nicht schuld sind wegen ihrer Begrenztheit und Unvollkommenheit. Vielleicht besteht die Chance einer Therapie darin, die Perspektive zu verändern, den Blick auf das Gute zu lenken, das man auch erfahren hat.
Eine *Neubewertung der Vergangenheit* kann auch dazu verhelfen, die Opferrolle abzulegen. Das gilt für Eltern *und* Kinder:

Die *Eltern* wehren sich zunächst gegen den ihnen aufgezwungenen Kontaktabbruch, der wie eine Katastrophe über sie hereinbricht und empfinden sich als Opfer. Aber – sie müssen begreifen, dass ein Kontaktabbruch nichts mit Opfer-Täter-Verhalten zu tun hat und sie als die Verlassenen die Opfer sind.
Bei einem Kontaktabbruch geht es nicht um ein Opfer-Täter-Verhalten, sondern um den Versuch, Verständnis füreinander aufzubringen und nicht um Jammern oder gar um Schuldzuweisung.
Es wäre fatal und kontraproduktiv, wenn „verlassene Eltern“ einseitig Fehler und Versagen bei ihren Kindern suchen würden, denn Beziehungen funktionieren wechselseitig und deshalb gibt es – wie bei einer Scheidung – zwei Seiten, die Fehler gemacht haben, die letztlich zum Kontaktabbruch führten.

Wer sich in der Opferrolle einrichtet, zeigt letztlich seine Unfähigkeit, sich eigene Defizite einzugestehen. Das *Kind* sieht sich möglicherweise als Opfer, weil die Eltern ihm seine Bedürfnisse nicht erfüllt haben (s. o. 3.: „Gründe für den Rückzug der Kinder").
Wer sich aber als Opfer betrachtet, macht die andere Seite zum Täter. Das finde ich bedenklich, weil dieses Denken hochdestruktiv ist und keine Seite voranbringen kann. Die Opferrolle zu verlassen, ist eine Entscheidung, die zeigt, dass man fähig ist, Verantwortung zu übernehmen, mit allen Konsequenzen, was nicht immer leicht ist. Ich nenne das aktive Beziehungspflege.

Zusammenfassend lässt sich sagen:
Konstruktiv kann ein Kontaktabbruch dann sein, wenn er dazu führt, dass beide Seiten die Distanz dazu nutzen, darüber nachzudenken, wie sie auf einem neuen Weg bzw. auf einer anderen Ebene einander in Selbstachtung wieder begegnen können. Hilfreich ist dabei der Gedanke, dass kein Mensch fehlerfrei ist, man sich selbst und anderen vieles verzeihen muss und es nur dann Wege zurück zu einer wertschätzenden Beziehung gibt, wenn man die Opfer- und Vorwurfshaltung aufgibt und den Blick nach vorne richtet auf eine Zukunft in gegenseitiger Achtung und Akzeptanz.
Für einen harmonischen Neuanfang ist neben der Neubewertung der Vergangenheit die Aussöhnung mit sich selbst und mit den Kindern erforderlich.

6.3 Versöhnung mit sich selbst

Die Voraussetzung für die Versöhnung „verlassener Eltern“ mit ihren „abtrünnigen Kindern“ besteht zunächst in der Versöhnung mit sich selbst und das ist für viele Eltern die schwerste Lebensübung. Den meisten fällt es schwerer, sich selbst etwas zu verzeihen, als anderen.

Versöhnung mit sich selbst bedeutet, ein realistisches Selbstbild zu haben, Selbsttäuschung und etwaige Lebenslügen aufzugeben, die Angst vor der eigenen Wahrheit zu überwinden und sich mutig seinen Schattenseiten und seinem Versagen zu stellen.

Versöhnung mit sich selbst bedeutet auch, sich Eigenschaften und Gewohnheiten einzugestehen, die man vielleicht lieber verstecken würde, um sein positives Selbstbild aufrecht zu erhalten. Versöhnung mit sich selbst setzt eine ehrliche Auseinandersetzung mit sich selbst und seiner Vergangenheit voraus. Das ist ein schwieriger Prozess.

Deshalb ist es sinnvoll, einen Menschen des Vertrauens, z. B. einen guten Freund, in diesen Prozess einzubeziehen, um zu einer gesunden Selbsteinschätzung und Selbstakzeptanz zu kommen.

Versöhnung mit sich selbst gelingt am besten, indem sich „verlassene Eltern“ bewusstmachen, dass sie Großartiges geleistet haben, auch wenn sie sich nicht verzeihen können, dass ihre Kinder den Kontakt zu ihnen abgebrochen haben und sich als Versager empfinden, weil ihnen nicht das gelungen ist, was andere Familien offensichtlich hinbekommen und was sie sich selbst auch gewünscht hatten.

Sich mit sich selbst zu versöhnen, bedeutet auch, *Verantwortung für sich selbst und sein Leben zu übernehmen.* Es ist wenig hilfreich, für die eigene Vergangenheit und das, was nicht so geworden ist, wie man es sich erträumte, einen Schuldigen zu suchen und in der Opferrolle zu verharren. Es geht darum, zu verstehen und zu akzeptieren, dass nicht nur Erfolge, sondern auch Niederlagen zum Leben gehören.

Versöhnung mit sich selbst bedeutet, nicht in Selbstmitleid, Aggression oder Anklagen stecken zu bleiben, sondern die destruktiven Gefühle Groll, Hass und Enttäuschung abzustreifen und sich selbst und anderen Fehlverhalten und Versagen zu verzeihen, denn erst Versöhnung versetzt uns in die Lage, wirklich neu zu beginnen und das eigene Leben als Chance zur Veränderung zu begreifen.

Annette, 62:

> *„Bei meiner kritischen Bestandsaufnahme musste ich mir eingestehen, dass ich einiges falsch gemacht habe mit meinen Kindern, indem ich sie eingeengt und daran gehindert habe, eine eigene Persönlichkeit zu entwickeln. Ich reagierte allergisch auf ihre Rebellion und versuchte mit aller Macht, „Oberwasser" und damit meine Autorität zu verteidigen. Dass sie eines Tages den Kontakt zu mir abgebrochen haben, war eine schmerzhafte Zäsur in meinem Leben, die in mir etwas bewirkte. Heute weiß ich, dass meine Kinder ein Geschenk auf Zeit waren und ein Recht auf ein eigenständiges, selbstbestimmtes Leben haben und dass es nicht darauf ankommt, mir etwas recht zu machen.*

Sie dürfen so leben, wie sie es möchten und Entscheidungen treffen, mit denen sie glücklich sind. Mein Umdenken führte mich zu der Erkenntnis, dass ich mich selbst ändern muss, wenn sich etwas verändern soll. Nach 5 Jahren des Kontaktabbruchs, während der wir alle eine Entwicklung gemacht haben und ich mir verzeihen konnte, Fehler gemacht zu haben, kam es zur Wiederannäherung und zur Versöhnung. Heute fällt es mir ganz leicht, verständnisvoll mit meinen Kindern umzugehen, ihnen zuzuhören, statt etwas zu fordern. Heute frage ich mich bei Konflikten immer, wo mein Anteil ist, denn in einer Familie beruht alles auf Wechselwirkungen. Ich habe auch gelernt, dass man anderen nur dann etwas verzeihen kann, wenn man sich selbst verzeiht."

Das Beispiel zeigt, dass erst nach einer Versöhnung mit sich selbst eine Versöhnung mit den entfremdeten Kindern erfolgen kann. Der innere Frieden hängt letztlich nicht vom anderen ab. Der andere ist nicht zu ändern, man kann nur mit dem Geschehenen leben lernen, wenn man sich selbst verändert, indem man sich selbst verzeiht.
Versöhnen sollte man sich aber nicht nur mit sich selbst im engeren Sinne, sondern auch mit dem eigenen Lebensweg, der so und nicht anders verlaufen ist, wie aus dem folgenden Beispiel zu erkennen ist.

Dana, 37:

„Ich war erst 17 Jahre alt, als mein Sohn zur Welt kam. Durch die viel zu frühe Schwangerschaft und die zu frühe Übernahme von Verantwortung wurden meine

Lebenspläne durchkreuzt und ich weiß, dass ich meinen Sohn meinen Frust auch oft habe spüren lassen. Manchmal habe ich ihn sogar angeschrien: ‚Du hast mir mein Leben versaut.' Ich weiß, dass es ungerecht war, meinen Sohn zum Sündenbock für etwas zu machen, wofür er nichts konnte. Es tut mir heute alles sehr leid, dass ich ihm nicht die Mutter sein konnte, die er gebraucht hätte. Als er dann auch noch in der Schule auffällig wurde, wandte ich mich ans Jugendamt, das für ihn eine Pflegefamilie fand, wo er es gut hatte. Ich sollte mich eigentlich nicht wundern, dass er mit mir nichts zu tun haben möchte."

Dana weiß, was sie falsch gemacht hat, bekennt sich dazu und bereut es. Sie steht dazu, wie es war, ohne es zu beschönigen oder zu verdrängen. Das ist die Voraussetzung dafür, sich selbst Fehlverhalten verzeihen zu können und ihren Sohn um Verzeihung bitten zu können.
Die Versöhnung mit sich selbst ist das Ergebnis einer Auseinandersetzung mit sich selbst und ist Ausdruck einer Konzentration auf sich selbst.

6.4 Konzentration auf sich selbst

Manchmal gelingt es, dass sich nach vielen Jahren die Generationen einander wieder annähern, vorsichtig, ohne Druck und auch nur dann, wenn beide Seiten es wollen und aus der erzwungenen Distanz gelernt haben.

Oft aber müssen sich „verlassene Eltern“ mit der traurigen Realität abfinden, dass ihr Kind keinen Kontakt zu ihnen wünscht und sie es verloren haben. So egoistisch es auch klingen mag, für „verlassene Eltern“ ist es in einer solchen Situation wichtig, auch an sich selbst zu denken. Das Ziel muss sein, sich wieder mehr auf sich selbst zu konzentrieren und nicht ständig die Gedanken um die Kinder kreisen zu lassen.

„Verlassene Eltern“, die über viele Jahre die Bedürfnisse ihrer Kinder erfüllten, müssen nun, da sie als Eltern entlassen sind, lernen, sich vom Altruismus zu verabschieden, sich auf ihre eigenen Bedürfnisse zu konzentrieren, sich selbst wertzuschätzen und achtsam und liebevoll mit sich selbst umzugehen.

Wie aber funktioniert das?

Selbstachtung und *Selbstliebe* zu entwickeln fällt besonders denen schwer, die nie lernen konnten, sich ihres eigenen Wertes bewusst zu werden. Die Umbruchsituation, in der sich, „verlassene Eltern“ befinden, kann hilfreich sein, etwas zu lernen, das ihnen gut tun wird und sie seelisch stärken wird.

Es ist ein echter Akt der Selbstliebe, sich mit eigenen Gedanken und Gefühlen auseinander zu setzen, weil das die Voraussetzung dafür ist, sich selbst immer besser zu verstehen, sich vernachlässigter Bedürfnisse bewusst zu werden. Es geht darum, sich mit der Zeit selbst zu verstehen und sich liebevoll, wie einen besten Freund anzunehmen. Das bedeutet:

* Sie vermeiden Selbstkritik und Selbstverurteilung.
* Sie haben Verständnis für sich, wenn Sie Fehler machen.
* Sie haben Geduld mit sich, wenn Ihnen etwas nicht gelingt.
* Sie sprechen sich selbst Mut zu, wenn Sie verzweifelt sind.
* Sie geben sich selbst die Unterstützung und Hilfe, die Sie auch Ihrem besten Freund geben würden.

Wir alle wissen, dass wir Freundschaften zu anderen pflegen müssen. So ist das auch mit der Freundschaft zu sich selbst. Man muss sich immer wieder aufs Neue darum bemühen. Wenn Sie also eine echte Freundschaft zu sich selbst aufbauen wollen, dann sollten Sie vor allem folgendes unterlassen:

* an sich selbst zu zweifeln,
* sich für Fehler zu verurteilen und
* sich mit anderen zu vergleichen.

Was aber können „verlassene Eltern" tun, um ihre Selbstachtung zurück zu gewinnen, einen wertschätzenden Umgang mit sich selbst zu praktizieren und sich selbst beste(r) Freund(in) zu sein? Was erwartet man von einem Freund?
Als sein eigener Freund geht man fürsorglich mit sich um, verzeiht sich Fehler und Schwächen, ist großzügig und nachsichtig mit sich selbst. Deshalb sollte das tägliche Übungsprogramm für „verlassene Eltern" unterstützend darin bestehen, sich selbst zu verstehen, zu achten

und wertzuschätzen und sich so zu akzeptieren, wie man ist. Wichtig ist, zu der Erkenntnis zu kommen, *„Ich bin in Ordnung, so, wie ich bin!"* – denn Selbstakzeptanz ist der Schlüssel für ein besseres Selbstwertgefühl und Selbstliebe.

* Selbstliebe bedeutet, in Harmonie mit sich selbst zu leben, Stärken und Schwächen zu akzeptieren und zu wissen, was uns gut tut und was uns schadet.
* Selbstliebe heißt „Nein zu sagen", wenn sich etwas nicht gut anfühlt.
* Selbstliebe heißt, sich selbst Respekt und Wertschätzung entgegen zu bringen.
* Selbstliebe heißt, Körper und Geist zu pflegen und sich selbst treu zu bleiben und authentisch zu sein. Wer sich selbst liebt und annimmt, kann selbstbewusst sagen, *„ich bin ich und das ist gut so." „Ich kenne meine Vorzüge und meine Nachteile. Beides gehört zu mir."*

Selbstliebe und Selbstwertschätzung im Umgang mit sich selbst bewirken, sich selbst genauso wichtig zu nehmen wie andere, nicht mehr und nicht weniger.

Selbstempathie ist das Zauberwort, das trotz aller Unzulänglichkeiten ermöglicht, sich ganzheitlich anzunehmen und zu bejahen, um in Harmonie mit sich selbst und seiner Umgebung leben zu können. Nur so kann es zu einer *gesunden Selbstbeziehung* kommen, die die Grundlage für die Beziehung zu anderen ist.

6.5 Neuer Lebenssinn und neue Lebensfreude

Ziel muss es sein die Selbstachtung zurückzugewinnen und in ein normales Leben zurückzufinden. Unterstützend kann es sein, mit jemandem reden zu können, sich neue, bereichernde Lebensinhalte zu suchen, den Tag zu strukturieren, sich den Schmerz und die Trauer von der Seele zu schreiben, Kontakt zu anderen aufzubauen und klare Grenzen zu ziehen, um die eigene Würde zu wahren. Das Allerwichtigste aber ist, sich nicht aus dem Leben und den Kontakten zu anderen Menschen zurückzuziehen.
Nachdem der erlittene Verlust durch Trauerarbeit verarbeitet worden ist, kommt es darauf an, verlorene *Lebensfreude* zurückzugewinnen und einen *neuen Lebenssinn* zu finden. In der Phase der Neuorientierung müssen Lebensziele neu definiert, neue Perspektiven eröffnet, eigene Kräfte mobilisiert werden. Wie aber ist das möglich, wenn einem das abhandengekommen ist, was bisher der wichtigste Lebensinhalt war?

Sich anzupassen an die veränderte Umwelt, in der nun das Kind fehlt, war ein Teil der Trauerarbeit. Am Ende des Trauerweges sollten „verlassene Eltern" dem Kind, das sie verlassen hat, einen neuen Platz in ihrem neuen Leben geben. Aus den Veränderungen des Lebens ergeben sich auch neue Aspekte und somit auch neue Chancen. Sich dafür zu öffnen heißt nicht, damit das Vergangene zu entwürdigen. Das gemeinsam Erlebte bleibt ein kostbarer, unersetzbarer Schatz.

Cordula, 51:

„Ich wurde von meiner Tochter verlassen und war total down. Nach der Zeit unendlicher Trauer, Wut, Enttäuschung und Depression begann ich, wieder ein aktives, für mich lebenswertes Leben aufzubauen mit einem Netzwerk sehr unterschiedlicher Freundinnen und freundschaftlicher Kontakte in der Nachbarschaft und am Arbeitsplatz. Ich bin froh, dass ich mit Unterstützung anderer meine Lebensfreude wiederentdeckt habe und auch ohne meine Tochter glücklich sein kann."

Wie das Beispiel zeigt, gelingt eine Neuorientierung und das Entdecken eines neuen Lebenssinns und neuer Lebensfreude am besten denjenigen, die über soziale Kontakte verfügen und gut vernetzt sind.

Gerade in Krisenzeiten sind zwischenmenschliche Beziehungen äußerst wichtig. Sie stärken das Selbstwertgefühl und sind hilfreiche Unterstützer in Notzeiten, was aber bedeutet, dass man sich Kontakte vorher geschaffen haben muss, um in der Krise darauf zurückgreifen zu können.

Auch das soziale Engagement in einem Ehrenamt oder die Teilnahme an religiösen und spirituellen Gruppen können darin unterstützen, einen neuen Lebenssinn zu finden. Viele Menschen ziehen Stärke aus Glauben und Spiritualität.

Schwer haben es diejenigen, die sich aus Schuld- und Schamgefühlen von anderen Menschen zurückgezogen haben. Zur Neuorientierung gehört es dann, neue Kontakte zu schaffen, um nicht zu vereinsamen. Das aber ist schwierig und fällt Betroffenen schwer, denn Trauer ist ein Prozess, der Menschen verändert. Wer einen Trauerprozess durchlaufen hat, ist ein anderer Mensch geworden und so kann es sein, dass einem manches nicht mehr wichtig ist und manche Menschen nicht mehr zu einem passen. Allein das ist schon ein wichtiger Grund dafür, sich neue Netzwerke zu schaffen und Kontakte zu Menschen zu suchen, die besser zu einem passen.

Es gilt inzwischen als erwiesen, dass die Lebenszufriedenheit derer deutlich höher ist, die in der Lage sind, erlittene Verluste durch verschiedene Aktivitäten auszugleichen, z. B. durch kreatives Tun (Schreiben, Musizieren, Malen, Sport) oder durch die Übernahme einer neuen Aufgabe (z. B. ein Ehrenamt). Damit finden sie eine neue Grundlage für ihr Leben. In der Tat sind Aktivitäten aller Art hilfreich, um einen neuen Lebenssinn und Lebensinhalt zu finden und im Nebeneffekt neue Menschen kennen zu lernen und neue Beziehungen aufzubauen.

Neue Lebensfreude kann „verlassenen Eltern" durch die Erschließung völlig neuer Aufgaben erwachsen. Manchmal hilft es auch, sich an frühere Interessen, vergessene Hobbys und vielleicht jahrelang brachliegende Fähigkeiten zu erinnern. Oft reicht es, sich zu fragen, was man immer einmal tun wollte und wozu man nie Zeit hatte.

Christa, 58:

„Für mich war der Rückzug meines Sohnes das Schlimmste, das mir je passiert ist, denn ich war ein richtiges Muttertier und konnte mir etwas anderes, als Mutter zu sein und für alle zu sorgen, gar nicht vorstellen. Nachdem ich das Unabänderliche akzeptiert

und Trauerarbeit geleistet hatte, besann ich mich auf eine alte Leidenschaft aus der Zeit vor meiner Ehe, das Reiten. Beflügelt nahm ich Reitstunden, um an Vereinsturnieren teilnehmen zu können. Daraus wiederum ergaben sich gemeinsame Feiern und andere Aktivitäten, die mir meine verschüttete Lebensfreude zurückgaben.“

Wie man es schafft, nach einem schweren Verlust einen neuen Lebenssinn und eine neue Lebensfreude zu finden, ist abhängig davon, wie man die eigene Situation bewertet. Sehen „verlassene Eltern“ sich z. B. als ‚Opfer des Schicksals‘, werden sie es schwerer haben, einen neuen Lebenssinn zu finden und zur Lebensfreude zurückzukehren als diejenigen, die dankbar auf ihr Leben zurückblicken können. Wie Menschen, die Ereignisse ihres Lebens bewerten, bestimmt ihre Befindlichkeit, denn der Mensch fühlt, was er denkt.

Christa hat erkannt, dass sie nicht den Rest ihres Lebens trauern und in Sack und Asche gehen muss, sondern nach einer angemessenen Trauerzeit das Recht hat, sich neu zu erfinden, sich neu zu orientieren und der Lebensfreude, die der Motor des Lebens ist, die Chance zu geben, wieder ein Teil ihres Lebens zu sein.

Viele „verlassene Eltern“ schaffen die Anpassung an die neue Situation mit dem Verlust des Kontaktes zu ihrem Kind nur schwer oder gar nicht. Manche leiden ein Leben lang, weil sie nichts abschließen konnten, weil es weder einen Schlussstrich noch einen Abschied gab. „Verlassene

Eltern" begreifen das Schweigen als Ausgrenzung, als Vermeidung, als Ablehnung, was es ja auch ist.
Erschwert wird die Anpassung auch durch Scham und Schuldgefühle und dem Gefühl, versagt zu haben. Aber – es gibt keine andere Möglichkeit, als sich an das neue Leben ohne das Kind, das keinen Kontakt möchte, zu gewöhnen und den Verlust durch neue Lebensinhalte zu kompensieren.
Wie auch immer, das Leben geht trotz erlittener Verluste weiter – anders eben. Es geht darum, das Leben unter veränderten Vorzeichen anzunehmen, ihm eine neue Bedeutung zu geben, neue Inhalte zu suchen und anders weiterzuleben.

Helene, 67:

> *„Als ich erkennen musste, dass mein Sohn mich dauerhaft aus seinem Leben ausschloss und ich auch keinen Kontakt zu seinen Kindern haben durfte, habe ich mich ans Jugendamt gewandt, um ‚Leihoma' zu werden. Man gab mir die Adresse eines Lehrerehepaars mit 2 Kindern im Kindergartenalter, die nur 100 Meter von mir entfernt wohnten und die sich um eine Leihoma beworben hatten. Dort habe ich nun eine neue Lebensaufgabe gefunden, die mich erfüllt und bei der meine großmütterlichen Gefühle Raum zur Entfaltung bekommen haben. Ich habe eine nette Familie gefunden, die mich schätzt und mir als ‚Wahlverwandtschaft' nahe ist."*

Helene hat ihr Leben ohne ihren Sohn und ohne Enkelkinder akzeptiert und sich ein neues Leben und einen neuen Lebensinhalt als Leihoma geschaffen. „Verlassene Eltern" haben eigentlich nur zwei Optionen: Selbst einen Schlussstrich zu ziehen oder abzuwarten, bis ihre Kinder von sich aus wieder Kontakt aufnehmen, wodurch sie sich aber in eine Abhängigkeit begeben.

Am Ende dieses Prozesses, in dem „verlassene Eltern" sich selbst verziehen haben, sich wieder auf sich selbst konzentrieren konnten und schließlich wieder Freude am Leben gefunden haben, müssten sie die erforderliche Souveränität erreicht haben, um sich auch mit ihrem Kind versöhnen zu können.

6.6 Versöhnung mit den Kindern

Ein erster Schritt auf dem Weg, sich mit seinem Kind zu versöhnen, besteht in der festen Absicht, Frieden schließen und vergeben zu wollen, auch wenn das nach erlittenen Enttäuschungen und Verletzungen schwerfällt.
Das Wichtigste, das Eltern ihren Kindern verzeihen sollten, ist, dass diese so anders sind, als die Eltern sie sich gewünscht haben. Eltern sollten bereit sein, ihre Kinder so zu akzeptieren, wie sie sind. Und das ist schwer, denn dazu gehört es, sich von Illusionen zu verabschieden und auch unerwünschte Eigenschaften anzunehmen.
Eltern sollte es klar sein, dass es eine Reihe von Hindernissen auf dem Weg der Wiederannäherung und Aussöhnung gibt. Gemeinsam ist ihnen, dass die Prozesse der Neubewertung der Vergangenheit und der Versöhnung mit

sich selbst nicht oder nur unvollkommen durchlaufen worden sind.

Beispiele sind:
1. Eltern sind oft nicht kritik- und einsichtsfähig und können oder wollen sich selbst nicht in Frage stellen. In vielen, der hier zitierten Fallbeispiele kommt die *Uneinsichtigkeit* der Eltern zum Ausdruck. (s. o.: Siegfried S. 9, Mirella S. 30, Nils S. 45, Sarah S. 46, Sabrina S. 61, Guido S. 62, Saskia S. 64, Birgit S. 74)
2. Der Wunsch erwachsener Kinder, mit ihren Eltern noch einmal die Vergangenheit zu reflektieren, stößt häufig auf Ignoranz und Desinteresse. Eltern wollen sich meist nicht gern konfrontieren, sondern die Vergangenheit ruhen lassen. Sie wollen oft nichts mehr von früher hören und werten das Begehren ihrer Kinder nach Klärung und Aussprache als „Schnee von gestern“ ab. So „abgefertigte“ Kinder fühlen sich zurückgewiesen und resignieren.
3. Besonders für Eltern, die glauben, gute Eltern gewesen zu sein und alles für ihre Kinder getan zu haben, ist es schwierig, ihren Kindern zu verzeihen, sich abgewandt zu haben, weil sie dies als ungerecht empfinden.

Wie kann es also den Eltern trotzdem möglich sein, dem Kind zu verzeihen?
Der Prozess der Versöhnung mit dem Kind erfolgt zunächst nur im Bewusstsein der Eltern, also ohne physische Anwesenheit des Kindes.

Folgendes ist zu beachten:

1. Die Voraussetzung dafür, den Kindern einen durch sie erlittenen Seelenschmerz zu verzeihen, besteht darin, die Opferrolle verlassen und die Situation, in der sie sich befinden, mehrdimensional betrachten zu können (s. o.: „Die Neubewertung der Vergangenheit").
2. Auch das Bewusstsein, dass Eltern keine besseren Menschen sind, sondern immer wieder Fehler machen, u. a. auch solche, die andere kränken und auf das Verzeihen anderer angewiesen sind, fördert die Bereitschaft, trotz geschlagener seelischer Wunden den eigenen Kindern Fehlverhalten zu verzeihen.
3. Elternliebe ist etwas Besonderes. Sie gibt alles, verzeiht alles und sie schenkt alles. Elternliebe hält einiges aus, auch dann, wenn Eltern ungerecht und schlecht behandelt und zurückgewiesen wurden.
4. Eltern fällt Verzeihen nach schweren Zerwürfnissen, die seelische Verletzungen hinterlassen haben, leichter, wenn sie sich von dem Mythos verabschieden, perfekte Kinder haben zu müssen, denn sie selbst sind es ja auch nicht.
5. Eltern gelingt es eher, ihren Kindern zu verzeihen, wenn sie es schaffen, sich von der Vergangenheit abzukoppeln und zu begreifen, dass das, was vorbei ist, nicht mehr zu ändern ist, denn ohne Verzeihen und Bewältigung der Vergangenheit kann es keinen Neuanfang geben.
6. Wem es schwer fällt zu verzeihen, der möge sich fragen: Wie hätte ich reagiert, wäre ich an der Stelle meiner Kinder gewesen? Wer darauf ehrliche Antworten findet, ist eher bereit, den ersten Schritt zur Versöhnung zu

wagen, ein verzeihendes Wort zu finden, um einen Neuanfang zu versuchen und eine Brücke zu schlagen.

7. Wirkliche Versöhnung erfordert, die gegenseitige Achtung wiederaufzubauen, denn während der Auseinandersetzungen wurden die guten Seiten meist ausgeblendet. Man konzentrierte sich nur auf das, was man als Vorwurf „verwerten" konnte. Aber Kinder, auch wenn sie sich von ihren Eltern abgewandt haben, besitzen trotz aller Fehler, Schwächen und Unzulänglichkeiten, immer auch noch ihre guten Seiten, die auch dann noch vorhanden sind, wenn sie ihre Eltern maßlos enttäuscht und verletzt haben.
8. Deshalb ist es wichtig, trotz allem, was geschehen ist, den eigenen Kindern Dank und Anerkennung für das Gute auszusprechen, das Eltern, trotz aller Schwächen und Unzulänglichkeiten, auch durch sie erfahren haben. Der Weg zu einem guten Umgang ist oft lang und oft genug auch dornenreich. Er führt aber immer dann zum Erfolg, wenn es gelingt, mehr Toleranz füreinander zu entwickeln.

Gehen Sie als Eltern als Vorbild voran und lehren Sie Ihre Kinder die Kunst des Verzeihens, denn Verzeihen ist nicht nur christlicher Auftrag, sondern die wirksamste Form der Psychohygiene.

Das zeigt die „Vergebungsforschung", die auf den Therapeuten Frederic Luskin zurückgeht, der in Stanford ein Forgiveness-Projekt durchführt hat. Das Ergebnis: Es ist gesund, nicht nachtragend zu sein. Verzeihen beseitigt die durch Kränkungen hervorgerufenen Krankheitssymptome.

Indem Eltern ihren Kindern verzeihen, tun sie in erster Linie etwas Gutes für sich selbst, indem sie barmherzig sind und ihre Seele entlasten.
Wie Verzeihen möglich ist und wie man mit Verletzungen umgehen kann, mag folgende Anekdote verdeutlichen:

Zwei Freunde wanderten durch die Wüste. Während der Wanderung kam es zu einem Streit, und der eine schlug dem anderen ins Gesicht.
Der Geschlagene war gekränkt. Ohne ein Wort zu sagen, kniete er nieder und schrieb folgende Worte in den Sand: *„Heute hat mich mein bester Freund ins Gesicht geschlagen.“*

Sie setzten ihre Wanderung fort und kamen bald darauf an eine Oase. Dort beschlossen beide, ein Bad zu nehmen. Der Freund, der geschlagen worden war, blieb auf einmal im Schlamm stecken und drohte zu ertrinken. Aber sein Freund rettete ihn buchstäblich in letzter Minute.

Nachdem sich der Freund, der fast ertrunken war, wieder erholt hatte, nahm er einen Stein und ritzte folgende Worte hinein: *„Heute hat mein bester Freund mir das Leben gerettet.“*

Der Freund, der den anderen geschlagen und auch gerettet hatte, fragte erstaunt:
„Als ich dich gekränkt hatte, hast du deinen Satz nur in den Sand geschrieben, aber nun ritzt du die Worte in einen Stein. Warum?“

Der andere Freund antwortete:
„Wenn uns jemand gekränkt oder beleidigt hat, sollten wir es in den Sand schreiben, damit der Wind des Verzeihens es wieder auslöschen kann. Aber wenn jemand etwas tut, was für uns gut ist, dann können wir das in einen Stein gravieren, damit kein Wind es jemals löschen kann."

Auch wenn Eltern ihrem Kind verziehen haben, sehnen sie sich doch tief in ihrem Herzen danach, dass ihr Kind wieder zurückkehrt.
Hierzu bedarf es allerdings eines Prozesses der Wiederannäherung.

6.7 Der Prozess der Wiederannäherung

Einer vorsichtigen Wiederannäherung nach einem Kontaktabbruch geht meist ein schriftlicher Versuch einer Kontaktaufnahme voraus, der aber oft deshalb nicht erfolgreich ist, weil Eltern oft mit Vorwürfen konfrontiert werden, die sie selbst aus ihrer Wahrnehmung nicht nachempfinden können.

Annegret, 59:

> *„Meine Tochter versuchte eine Auseinandersetzung mit einem 9 Seiten langen Brief, der Vorwürfe zu Handlungen enthielt, die nie stattgefunden haben. Am meisten hat mich erschüttert, dass sie schrieb, dass es ihr nach jeder Begegnung mit mir schlecht gegangen sei. Mir hat dieser Brief den Boden unter den Füßen weggezogen.*

Seitdem bin ich in Therapie. Meine Therapeutin hat aus dem Brief meiner Tochter etwas herausgelesen, was zwischen den Zeilen stand: Ihr Bedürfnis nach bedingungsloser Liebe.“

Wenn Eltern oder Kinder diesen Weg wählen, um über einen Brief oder über E-Mails vorsichtig Kontakt zueinander aufzubauen, dann sollte unbedingt auf Vorwürfe verzichtet werden. Besonders Kinder reagieren schnell allergisch und ziehen sich danach sofort wieder resigniert zurück. Aber auch Eltern können, trotz ihrer Sehnsucht nach intakten Verhältnissen, an ihre Schmerzgrenze kommen, wie das vorausgegangene Beispiel zeigt.

Meine Erfahrung ist, dass es bei Beziehungen, die ohnehin fragil sind, über den schriftlichen Weg häufig zu Missverständnissen kommt, besonders dann, wenn bereits eine starke Entfremdung eingetreten ist.

Häufig erlebe ich in Beratungen und Seminaren, dass erwachsene Kinder in einer merkwürdigen Ambivalenz leben: Sie wollen den Kontakt zu den Eltern, ertragen ihn aber nicht. Die meisten äußern: *„Meine Mutter/mein Vater ist der wichtigste Mensch auf der Welt, aber ich komme mit ihr/ihm nicht klar. Immer wenn wir uns begegnen, geht es mir danach schlecht.“*

Nach meiner Erfahrung, wollen die meisten Eltern den Kontakt zu ihren Kindern und versuchen ihn wiederherzustellen. Sie laden sie zu Familienfesten ein, schreiben Briefe oder sagen: *„Unsere Tür steht dir immer offen.“* Doch dieser Wille, auf das Kind zuzugehen, muss so sein, dass Kinder spüren, wie wichtig sie ihnen sind und dass es keineswegs um die Selbstdarstellung der Eltern geht, nicht als schlechte Eltern dazustehen. Die meisten Kinder reagieren erst einmal für längere Zeit nicht auf diese Kontaktversuche ihrer Eltern, weil sie ihnen nicht trauen.

Dennoch: Ich denke, dass Eltern immer wieder versuchen sollten, den Faden wiederaufzunehmen, allerdings auf gar keinen Fall in einer drängenden Weise, denn häufig wurden sie von den Kindern schon vor der Funkstille als übergriffig wahrgenommen.

Folgende Hinweise können für eine Wiederannäherung hilfreich sein:

* Auf keinen Fall sollten Eltern ihr Kind, das den Kontaktabbruch herbeigeführt hat, irgendwo persönlich abfangen! Einer der wohl häufigsten Fehler betroffener Eltern ist unangekündigtes Auftauchen im (meist auch noch öffentlichen) Lebensumfeld des Kindes.
* Geben Sie dem Kind Raum und Zeit – und Entscheidungsgewalt. Die Gefahr, dass Ihr Kind sich bedrängt fühlt, ist immens groß. Daher ist es ratsam, eine völlig druckfreie Form der Kontaktaufnahme zu wählen, die dem Kind die Möglichkeit bietet, selbst über den Zeitpunkt einer Annäherung zu entscheiden. So bietet sich zum Beispiel ein Brief oder eine E-Mail an.
* Keine Erklärungsversuche! Ein großes Problem entsteht häufig durch den von entfremdeten Eltern verspürten Drang, ihr Kind vor allen anderen „aufzuklären", zu

informieren darüber, dass sie nichts getan haben, wie gut sie sich immer gekümmert haben oder dass der andere Elternteil den Kontaktabbruch bewusst herbeigeführt und damit ihnen beiden schweren Schaden zugefügt hat. Solche Rechtfertigungsversuche in einer so sensiblen Situation treiben Kinder noch weiter von ihren Eltern fort, weil Kinder daraus entnehmen, dass ihre Eltern nichts verstanden haben.

* Ist ein verlorenes Kind „wiedergefunden“ neigen die überglücklichen Eltern zur maßlosen Übertreibung. Die über Jahre gesammelten Weihnachtsgeschenke werden eingepackt, Pakete geschickt, es werden Briefe über Dutzende von Seiten verfasst, in denen das Kind mit Zuneigung, Sehnsüchten und Erwartungen regelrecht erschlagen wird.

* Eine sehr elegante Art, um die Situation anzugehen, kann darin bestehen, einen (Ver)Mittler zwischen Ihnen und Ihrem Kind einzuschalten. Da in der Regel das Kind ein Vertrauensproblem und große Unsicherheiten erleben wird, bietet ein (Ver)Mittler, den das Kind aussuchen sollte, die besten Chancen auf eine erfolgreiche Wiederannäherung. Das kann ein Freund sein, ein entfernter Verwandter, der nicht in den Konflikt zwischen den Eltern verstrickt war oder auch ein Lehrer, Therapeut oder dergleichen. Wenn das Kind die Möglichkeit hat, sich in der Situation durch einen vertrauten Menschen unterstützt zu fühlen, können Ängste vermieden werden.

* Geduld aufbringen: Häufig werden verlorene Kinder durch die schiere Wucht der Zuneigung überfordert, die ihnen von Seiten eines entfremdeten Elternteils entgegenschlägt. Alles, was dem Kind Zeitdruck nimmt, hilft. So

können Sie zum Beispiel zunächst eine lose Brieffreundschaft vorschlagen – das nimmt dem Kind die Angst, dass Sie plötzlich unangekündigt vor der Tür stehen könnten.

* Das Kind entscheidet wie, wann und wie lange eine Begegnung dauert. Je weniger Erwartungsdruck Eltern aufbauen, umso besser die Chancen, dass es sich eine eigene Kontaktaufnahme zutraut. Lassen Sie Ihr Kind entscheiden, wie der Kontakt gestaltet werden soll und helfen Sie ihm, die Hochbelastungssituation durchzustehen, indem Sie z. B. beim ersten Treffen vorab erklären, Sie hätten aber leider an diesem Termin nur eine Stunde Zeit. Sie können das ja beim Treffen revidieren, sofern Ihr Kind Ihnen ganz deutlich signalisiert, es wünsche sich, das Treffen könnte länger dauern. So hat es aber eine Möglichkeit mit sicherem Ende erst einmal unverkrampft in die Begegnung hinein zu gehen und wird nicht überfordert.

* Suchen Sie selbst ggf. aktive Unterstützung in dieser Phase. Die Situation ist für alle Beteiligten und insbesondere auch für betroffene Eltern sehr belastend und emotional. Die Begleitung, Unterstützung und Verarbeitung des Erlebten gemeinsam mit einer therapeutischen Fachkraft kann hier eine große Hilfe sein.

Wie sollten sich Eltern verhalten, wenn ihr Kind tatsächlich wieder kontaktbereit ist?

6.8 Wenn Kinder zurückkehren und Eltern verzeihen

Das Gleichnis vom „verlorenen Sohn“ (Lk 15,1–2) ist die Geschichte von einem Sohn, der sich von seinem Vater sein Erbe auszahlen lässt und es verprasst. Nachdem er leichtfertig sein ganzes Vermögen durchgebracht hat, landet er in der Fremde mittellos als Schweinehirt, der, als auch noch eine Hungersnot hereinbricht, nicht einmal Anspruch auf das Schweinefutter hat. Tiefer konnte er nicht sinken.
Der Wendepunkt ist der Moment, in dem der Sohn seine ausweglose Lage erkennt, beschließt, zu seinem Vater zurückzukehren. Er sieht sein Fehlverhalten ein, bereut es und zeigt seinen Willen zur Änderung.
Mit offenen Armen wird der Sohn, der seinen Vater zutiefst enttäuscht hat, von diesem wiederaufgenommen. Es gibt keine Vorwürfe, keinen Tadel, keine moralischen Vorhaltungen. Der Sohn erhält ein Festgewand und einen Ring, der für die Zugehörigkeit zur Familie steht. Ein Kalb wird geschlachtet und ein Festmahl bereitet, um die Heimkehr des „verlorenen Sohnes“ zu feiern.
Dieses Gleichnis zeigt, dass es bereits zu allen Zeiten Kinder gab, die ihre Eltern enttäuschten und im Stich ließen.
Oft ist Verzeihen und ein Neuanfang nicht leicht, ja sogar seelische Schwerstarbeit. Idealerweise schaffen es Eltern, ihrem Kind Vertrauen zu schenken, statt es zu verurteilen, denn begangene Fehler lassen sich nicht rückgängig machen. Es geht darum, eine Brücke zum Neuanfang zu finden.

Eine Wiederannäherung nach einem Kontaktabbruch braucht viel Fingerspitzengefühl, denn man bewegt sich auf dünnem Eis. Deshalb ist es auch nicht empfehlenswert, in dieser Phase Probleme zu besprechen und lösen zu wollen. Es gilt, alles zu unterlassen, was zu neuen Störungen führen könnte. Moralpredigten und Vorwürfe sollten ebenso tabu sein wie Triumph- und Überlegenheitsgefühle. Umarmen Sie stattdessen Ihr Kind und sagen Sie ihm, wie froh Sie sind, dass es wieder da ist, wie es der Vater des „verlorenen Sohnes“ getan hat, denn was ein heimgekehrtes Kind am dringlichsten braucht, sind Verständnis und Zuneigung seiner Eltern.

Aber, obwohl die Eltern günstigstenfalls die bisherige Situation akzeptiert und die Vergangenheit, neu bewertet hatten und obwohl sie sich inzwischen selbst verziehen haben, ist die Frage noch offen, was aus Sicht des Kindes zum Rückzug geführt hatte.

Deshalb ist die Versuchung der Eltern groß, jetzt endlich zu erfahren, was der Grund für den Kontaktabbruch gewesen ist.

Aber man sollte behutsam miteinander umgehen und einen günstigen Zeitpunkt abwarten, um über die Beweggründe des Kontaktabbruchs zu sprechen. Es ist verständlich, dass Eltern eine solche Aussprache aus Angst vor Eskalation vermeiden. Letztlich müssen sie versuchen, diese Angst zu überwinden, um zu einer Beziehung auf Augenhöhe zu kommen.

6.9 Neue Beziehung auf Augenhöhe

Eine *Wiederannäherung* gestaltet sich oft schwierig. Wie ist es trotzdem möglich, dass Eltern und Kinder wieder zueinander finden?
Nach einem Kontaktabbruch und der späteren Kontaktaufnahme muss eine *neue Beziehungsebene* geschaffen werden. Nach einem Kontaktabbruch müssen Eltern begreifen, dass etwas Neues begonnen hat, dass sich Beziehungen und Umgangsformen geändert haben.
Eltern müssen bereit sein, sich zu disziplinieren und sich von der *Elternrolle zu verabschieden,* denn ihr Erziehungsauftrag ist beendet. Nun kommt es darauf an, die Beziehung zu erwachsenen Kindern auf eine neue Ebene zu transformieren.
Bei der Neuausrichtung der Beziehung zwischen erwachsenen Kindern und ihren Eltern sollte es darum gehen, nach einer Wiederaufnahme des Kontaktes zu einem angemessen Zeitpunkt einen aufrichtigen *Dialog* zu beginnen, denn der ist der Schlüssel für eine *Beziehung auf Augenhöhe.*
Eltern und Kinder haben nun eine realistische Möglichkeit, ihre Beziehung so zu verändern, dass das, was bisher nicht möglich war, möglich wird, z.B., sich auf den anderen einzulassen, einfach mal die Perspektive zu wechseln und Dinge aus der Sicht des anderen nachzuempfinden und zu beurteilen.
Wichtig ist zunächst noch einmal ein Blick zurück in die Vergangenheit, um darüber nachzudenken, wie die Beziehung, die Rollenverteilung vor dem Abbruch war und sich zu fragen, wieso die „verlassenen Eltern" nicht gemerkt

haben, was sich anbahnte. Meist fehlte „verlassenen Eltern“ zuvor das Gefühl dafür, was ihre Kinder konkret verletzt hatte.

Aber auch die Kinder, die den Kontakt zu ihren Eltern abgebrochen haben, sollten sich bewusstmachen, dass ein Kontaktabbruch zwar für vorübergehende Entlastung sorgen kann, nicht aber auf Dauer eine Lösung sein kann, weil man auf Dauer nicht vor sich selbst weglaufen kann. Die Baustellen der Vergangenheit kann man nicht schließen, indem man sie umfährt.

Zusammenfassung

„Verlassene Eltern“ durchlaufen vier Phasen in dem Prozess, den durch ihre Kinder initiierten Kontaktabbruch zu bewältigen:

* *Erste Phase: „Nichtwahrhabenwollen“*
Die meisten „verlassenen Eltern“ wollen es zunächst nicht wahrhaben, dass ihre Kinder ihnen gekündigt haben, sie als Eltern ablehnen, jedenfalls keinen Kontakt zu ihnen wünschen. Sie wollen nicht wahrhaben, dass ihr bisheriges gewohntes Leben vorbei sein soll, dass die Beziehung, die sie zu ihrem Kind hatten, beendet ist und dass sich Familienleben und Familienfeiern verändern werden und – dass auch noch die Beziehung zu Enkelkindern genommen wird. Sie wollen auch die Schwierigkeiten, die es möglicherweise mit ihrem Kind gab, nicht wahrhaben, auch nicht, dass Kinder *und* Eltern vielleicht schon längere Zeit miteinander unglücklich waren. Sie idealisieren ihre Beziehung und vermeiden damit den notwendigen Trauerprozess.

* *Zweite Phase: Akzeptanz der Situation*
„Verlassene Eltern“ sind zunächst verzweifelt, denn ihnen wird bewusst, dass sie nicht nur ihr Kind verlieren, sondern dass sich ihr Leben, familiäre Rituale, Familienfeiern und Zukunftsvisionen ändern werden. Sie sind in ihrem Selbstwert verletzt, fühlen sich minderwertig, nicht mehr gebraucht, abgelegt, missachtet, ungeliebt und im Stich

gelassen. Es zerbricht ein Bild, das Eltern sich von ihrem Kind gemacht haben. Sie müssen die Realität des Verlustes akzeptieren und versuchen, damit zu leben.

* *Dritte Phase Bewältigungs- und Überlebensstrategie*
Eltern bleibt man sein ganzes Leben und deshalb ist es Eltern unmöglich, ein Kind „abzuschreiben". Um durch die erlittene seelische Verletzung weder psychisch noch körperlich zu erkranken, kann eine Unterstützung hilfreich sein, bei der es darauf ankommt, eine Entscheidung für sich selbst und für das eigene Leben zu treffen. Hierfür lohnt es sich, eine Gesprächsgruppe mit anderen Betroffenen aufzusuchen, z. B. eine Selbsthilfegruppe „Verlassene Eltern", um über den erlittenen Verlustschmerz reden zu können, mit Gefühlen umgehen zu lernen, verstanden zu werden, Mut, Trost und Rückhalt zu bekommen, die Verletzungen zu verarbeiten und sich mit der eigenen Lebensgeschichte zu versöhnen.

* *Vierte Phase: Neuorientierung*
Je mehr „verlassene Eltern" sich mit sich und ihrer eigenen Lebensgeschichte versöhnen, umso mehr können sie auch nach einem schweren Verlust wieder ein zufriedenes, authentisches, selbstbestimmtes Leben führen.
Es gilt zu begreifen, dass es für Elternschaft kein Rezeptbuch für das Gelingen gibt, denn menschliche Beziehungen, auch Eltern-Kind-Beziehungen, sind verschiedenen Einflussfaktoren ausgesetzt und einem ständigen Wandel unterworfen, weil Menschen sich stetig verändern. Mit der Zeit werden die belastenden Gefühle schwächer werden und sich wandeln, denn die Erfahrung zeigt, dass

alle Emotionen, denen man Raum gibt, irgendwann „ausgelebt" sind. Eine Narbe mag bleiben. Irgendwann wird es wieder etwas geben, das dem Leben einen neuen Sinn gibt. Das kann z. B. auch ein Ehrenamt sein.

Das kann helfen:

* Ein Kontaktabbruch tut weh. Es geht zunächst darum, die sich einstellenden Gefühle (Trauer, Verlustschmerz) anzunehmen und sie zu akzeptieren. In dieser Situation sollten „verlassene Eltern" fürsorglich und liebevoll mit sich umgehen, wie mit einem geliebten Menschen oder einem Kind, das gerade eine Verletzung erlitten hat.
* Nehmen Sie sich Zeit für sich selbst und stellen Sie sich der Trauer, anstatt sie zu verdrängen.
* Suchen Sie Kontakt zu Menschen, die ähnliche Erfahrungen gemacht haben und durch die Sie gegenseitige Unterstützung erfahren können (Selbsthilfegruppe).
* Aus Erfahrungen zu lernen gibt neue Hoffnung. Statt sich als Opfer zu sehen, sollten Sie den Blick nach vorne richten und aus dem Kontaktabbruch Ihres Kindes einen Erkenntnisgewinn ableiten, denn *„nichts ist so hoffnungslos, dass wir nicht Grund zu neuer Hoffnung fänden!"* (Niccolo Machiavelli)
* Um gestärkt und in Frieden aus der Trennungskrise herauszufinden und den seelischen Heilungsprozess voranzutreiben, kann manchmal professionelle Hilfe sinnvoll sein.

Abschließende Gedanken

Wer weiß, wozu ein Kontaktabbruch gut sein kann? Wir können nicht in die Zukunft schauen und infolgedessen auch nicht vorhersagen, ob mittel- oder langfristig nicht noch etwas Gutes aus der schmerzhaften Situation erwachsen wird. Die Lebenserfahrung aber zeigt, dass nichts so bleibt, wie es ist und Menschen und Situationen sich verändern können und dadurch am Ende Belastungen, Zumutungen und Schicksalsschläge langfristig durchaus positiv sein können.

Ich rate „verlassenen Eltern", trotz ihrer Verzweiflung ihre Zuversicht aufrecht zu erhalten, dass das, was sie in ihren Kindern grundgelegt haben, vielleicht vorübergehend verschüttet ist, dass es aber da ist und die Hoffnung besteht, dass ihre Kinder zu ihnen zurückfinden. Eltern brauchen die Hoffnung und die Zuversicht, dass am Ende noch alles gut werden kann, denn ... *„Hoffnung ist nicht die Überzeugung, dass etwas gut ausgeht, sondern die Gewissheit, dass etwas Sinn hat, egal wie es ausgeht"* (Vaclav Havel). Darüber hinaus brauchen „verlassene Eltern" unendlich viel Geduld, abzuwarten, bis die Zeit bei ihren Kindern reif ist für eine etwaige Wiederannäherung. Viele haben Angst, dass ihnen dabei die Lebenszeit davonlaufen könnte. Hilfreich, weil zuversichtlich, ist für hoffende „verlassene Eltern" Oscar Wildes Zitat: *„Am Ende wird alles gut und wenn es nicht gut wird, ist es noch nicht das Ende."*

Quellen

1. Kindt, Angelika (2011), Wenn Kinder den Kontakt abbrechen, Stuttgart, Südwest-Verlag

2. Teuschel, Peter (2014), Das schwarze Schaf - Benachteiligung und Ausgrenzung in der Familie, Stuttgart: Klett-Cotta

3. Kopp-Wichmann, Roland (2009), Frauen wollen erwachsene Männer. Warum Männer sich ablösen müssen, um lieben zu können. Stuttgart: Kreuz

4. Zöllner, Ulrike (1997), Die armen Kinder der Reichen, Stuttgart: Kreuz

5. https://www.uni-leipzig.de/service/kommunikation/medienredaktion/nachrichten.html?ifab_modus=detail&ifab_id=1992 nach dem Stand vom 19.02.2018

6. Haller, Reinhard (2013), Die Narzissmusfalle, Wals bei Salzburg, Österreich, ECOWIN-Verlag

7. Brown, Nina W. (2010), Kinder egozentrischer Eltern, Eine Kindheit mit narzisstischen Eltern bewältigen, Paderborn: Junfermann Verlag

8. Haarer, Johanna (1934), Die deutsche Mutter und ihr erstes Kind, München: Lehmanns Verlag

9. Watzlawick, Paul (1991)[5], Vom Schlechten des Guten oder Hekates Lösungen, München: Piper

10. Wuthe, Inge: http://www.inge-wuthe.de/traurigetraurigkeit.htm

11. https://www.erf.de/themen/leben/wie-kann-ich-vergeben/6866-542-5700 nach dem Stand vom 18.02.2018

Dorothee Döring

Wie du und doch ganz anders

Von Müttern und Töchtern

Kaum eine Frau möchte so werden wie ihre Mutter! Töchter fühlen sich entweder überbehütet und nie losgelassen oder aber vernachlässigt. Das Verhältnis von Müttern und Töchtern ist nicht selten hoch emotional. Missverständnisse sind dabei an der Tagesordnung. Was Mütter als gut gemeinte Ratschläge verstehen, kommt bei den Töchtern oft als Bevormundung an. Und Müttern fällt es oft besonders schwer, die Tochter als unabhängige, erwachsene Frau zu sehen.
Deshalb stellt die Autorin hier die vielfältigen Aspekte einer besonderen Beziehung dar. Sie erläutert dabei anhand von lebendigen Beiträgen ganz verschiedener Mütter und Töchter, wie wichtig ein mentaler Perspektivenwechsel ist. Eine Lektüre für Mütter und Töchter, die ihre Beziehung auf eine veränderte Basis stellen wollen. Denn in diesem Buch werden Sie sich in vielen Beispielen wiederfinden.

168 Seiten, 13,5 × 21 cm, Taschenbuch
ISBN 978-3-7902-5741-0, 16,95 €